Georg Simmel

Zur Psychologie der Frauen

Zur Psychologie des Geldes

Zwei Essays

Georg Simmel: Zur Psychologie der Frauen / Zur Psychologie des Geldes. Zwei Essays

Zur Psychologie der Frauen:
Erstdruck: Zeitschrift für Völkerpsychologie und Sprachwissenschaft; hrsg. von M. Lazarus und H. Steinthal, 20. Bd. 1890; S. 6-46; Leipzig.
Zur Psychologie des Geldes:
Erstdruck: Jahrbuch für Gesetzgebung, Verwaltung und Volkswirtschaft im Deutschen Reich, hrsg. von Gustav Schmoller, 13. Jg. 1990, S. 1251-1264; Leipzig.

Neuausgabe mit einer Biographie des Autors
Herausgegeben von Karl-Maria Guth
Berlin 2016

Umschlaggestaltung von Thomas Schultz-Overhage unter Verwendung des Bildes: Edgar Degas, Drei Frauen beim Pferderennen, 1885

Gesetzt aus der Minion Pro, 11 pt

Verlag: Henricus - Edition Deutsche Klassik GmbH
Mörchinger Str. 33, 14169 Berlin, info@henricus-verlag.de
Druck: Libri Plureos GmbH, Friedensallee 273, 22763 Hamburg

ISBN 978-3-8430-8948-7

Bibliografische Information der Deutschen Nationalbibliothek

Die Deutsche Nationalbibliothek verzeichnet diese Publikation in der Deutschen Nationalbibliografie; detaillierte bibliografische Daten sind im Internet über www.dnb.de abrufbar.

Zur Psychologie der Frauen

Das Problem einer Psychologie der Frauen setzt voraus, dass die Frauen als solche eine Anzahl ihnen gemeinsamer und von dem männlichen Wesen abweichender psychischer Eigenschaften besäßen. Dass eine solche Einheitlichkeit einerseits, eine solche Abscheidung andrerseits *im strengen Sinne* existiere, wird niemand behaupten. Deshalb wird, wer über die Frauen »im Plural« spricht, sich bescheiden müssen, im besten Falle eine bloße Majorität als Totalität zu behandeln; auf eine ähnliche Gefahr hin wird er sich seinen Weg zwischen der populären und darum oft oberflächlichen und der individuellen und darum oft einseitigen Erfahrung zu suchen haben; er wird deshalb seinen Analysen nicht den Satz zu Grunde legen: diese Erscheinung, die ich erklären will, ist schlechthin in den Frauenseelen, sondern nur: *wenn* resp. *so oft* sie ist, erkläre ich sie so und so.

Wenigstens auf ein relatives Recht indes, die Frauen als unter sich einheitlichere Wesen anzusehen, weist der Umstand hin, dass sie selbst ein stärkeres Gefühl von gegenseitiger Solidarität haben als die Männer, wo bei diesen nicht besondere Gründe des Zusammenschlusses vorliegen. Eine Frau wehrt gern irgend einen Angriff oder eine Verdächtigung von einer andern ab, nicht durch sachliche Überzeugung, sondern nur durch das Gefühl einer gewissen Gemeinsamkeit der Interessen bewogen. Sie fühlt den Drang, die Ehre ihres Geschlechtes zu verteidigen, ist durch Niedrigkeit und Unsittlichkeit einer Andern in ihrer eigenen Frauenwürde gekränkt und beschämt und deshalb leicht geneigt, so lange wie möglich die Handlungsweise andrer Frauen optimistisch zu deuten. Die Zusammengehörigkeit der Frauen tritt uns in niedern Kulturen namentlich darin entgegen, dass wir oft von gemeinsamen Unternehmungen aller Frauen gegen die Männer hören. Die hierin liegende Gleichheit der Interessen ist zwar noch nicht unmittelbar Gleichheit des Wesens, aber doch sowohl Folge als Ursache derselben. Wenn es wahr ist, dass der glühendste Hass, den es gibt, der von Frauen untereinander ist – übrigens eine Behauptung, die mir die Grenze zulässiger Ungewissheit zu überschreiten scheint – so bestätigt diese Ausnahme die Regel, insofern Gleichheit und Zusammengehörigkeit in fundamentalen Punkten eine ausbrechende Feindschaft auf den höchsten Grad der Erbitterung zu bringen geeignet ist; so ist bekanntlich der Antagonismus zwischen den Konfessionen der gleichen Religion oft viel heftiger als zwischen dieser und einem ganz fremden Glauben. Jedenfalls, wie oft auch anderweitige Interessen und namentlich Konkurrenzen jenes Gefühl übertönen mögen, wird man sagen können, dass die Frau sich der Frau als solcher näher fühlt, als es entsprechend unter Männern der Fall ist. Eine objektive Berechtigung, über die Frauen als Ganzes zu urteilen, würde sich unmittelbar dann ergeben, wenn das weibliche Geschlecht unter sich geringer differenziert, weniger individuell entwickelt wäre, und so das einzelne Exemplar enger im Typus eingeschlossen bliebe. In einer undifferenzierten Art repräsentiert immer das eine Individuum relativ vollkommen das Ganze und ein über dies Ganze gefälltes Urteil trifft zugleich mit größerer Sicherheit jedes beliebige Einzelwesen.

Auf dem Gebiet des Körperlichen zunächst dürfte die Behauptung eines Differenzierungsmangels der Frauen Geltung haben. Durch die ganze Natur hindurch ist das weibliche Geschlecht weniger modifiziert als das männliche; das Weibchen ist überall den Jungen der eigenen Spezies ähnlicher als das Männchen; bei den verschiedensten Menschenrassen haben Messungen ergeben, dass die Männer weit mehr von einander verschieden sind als die Frauen. Und dieses Verhältnis wiederholt sich am Individuum. Die Oberfläche des männlichen Körpers ist mehr differenziert als die des weiblichen. Das Knochengerüst tritt energischer hervor, macht sich durch Hebungen und Senkungen bemerkbar, während bei dem Weibe die gleichmäßigeren Fettpolster den Körper als eine mehr ebene, nur in großen Zügen gehobene und gesenkte Fläche erscheinen lassen.

Ich werde nun auch schwerlich mit der Behauptung weit irren, dass die Mehrzahl der weiblichen Eigenheiten, die man dem psychischen Wesen der Männer gegenüber hervorzuheben pflegt, auf die größere Undifferenziertheit der Frau zurückgeführt werden können, auf die Tatsache, dass ihre Anlagen, Neigungen, Betätigungen enger um einen

Einheitspunkt herum gesammelt und aus ihrem ursprünglichen keimhaften Ineinander noch nicht zu selbständigerer Existenz spezialisiert sind – wobei es für unsre Betrachtung völlig außer Frage bleibt, ob dieser Verfassung eine innere Notwendigkeit und Unabänderlichkeit oder eine mögliche Fortentwicklung durch abgeänderte Lebensbedingungen zuzusprechen ist. Die Vorstellungen stehen bei ihr noch in jener innigeren gegenseitigen Verbindung, die den Teil sofort das Ganze reproduzieren lässt und bei der weniger logische Zusammengehörigkeit, die immer das Resultat einer Auslese unter den Vorstellungen ist, als reales Zusammensein über die gegenseitige Stellung der Vorstellungen im Bewusstsein und über das Maß entscheiden, in dem sie ihre Kraft in Anziehung und Abstoßung zeigen. Diese Eigenart des Assoziationslebens, in der der Mangel an Differenzierung leichter die einzelne Vorstellung mit der Gesammtheit der benachbarten oder überhaupt vorhandenen verknüpft, während in einem weniger einheitlichen Geiste jede Vorstellung mehr für sich steht und über die Köpfe der Nachbarn hinweg sich nur mit den sachlich dazugehörenden verknüpft – diese Eigenart hängt zunächst mit dem Überwiegen des Gefühlslebens bei den Frauen zusammen, über das alle Beobachter einig sind. Denn soviel Annäherung an die Wahrheit, wird man jener alten Theorie, die das Gefühl mit der Summe unendlich kleiner Vorstellungen identifizierte, wenigstens zugeben müssen, dass das Gefühl um so mehr angeregt wird, je massenhafter sich die Vorstellungen kreuzen, je lebhafter also die Bewegungen sein müssen, die sich über und unter der Schwelle des Bewusstseins vollziehen. Je mehr Vorstellungen sich wegen mangelhafter Disziplin, die nur das Zusammengehörige zusammen bestehen ließe, in das Bewusstsein drängen, desto weniger Platz kann die einzelne darin erhalten, desto eher wird jener mehr verschwimmende Zustand eintreten, der in das klare Bewusstsein mehr das Ganze als seine Teile, mehr das Resultat als seine Faktoren, mehr den Entschluss als seine Gründe treten lässt, und der eben für das Gefühlsleben gegenüber dem deutlichen und aussondernden Denken bezeichnend ist. Daher die Schnelligkeit und Sicherheit des weiblichen Urteils in verwickelten Verhältnissen, wo die Fülle der einzelnen Momente uns, die wir jedes derselben aussondernd verfolgen und für sich überlegen, nicht recht zu Ende kommen lässt; weil das größere Ineinander der Vorstellungen ihnen die Gleichzeitigkeit einer größeren Anzahl ermöglicht, kann sich das Gewicht der einzelnen oft unmittelbarer an dem der andren messen und die durchgehende Tendenz des Ganzen sich ihrem Auge ungetrübter darstellen. Da dies freilich nur auf Kosten der Klarheit und des Durchdenkens des Einzelnen möglich ist, so kann der Irrtum dabei ein ebenso vollkommener sein, wie es oft das Treffen ist. Hier ist der Ort, der vielkritisierten Logik der Frauen zu gedenken. Zunächst ist die Meinung, die ihnen dieselbe ganz oder fast ganz absprechen will, einfach abzuweisen; das ist eine von den trivialen Paradoxen, der gegenüber man sicher behaupten kann, dass jeder, der nur irgend eingehender mit Frauen zu tun hatte, oft genug von der Schärfe und Unbarmherzigkeit ihrer Folgerungen überrascht worden ist. Grade die größere und differenziertere Fülle der materiellen Gesichtspunkte im männlichen Geiste verhindert manchmal die klare Einsicht in eine einfache logische Konsequenz, die ein weiblicher Verstand mit völliger Selbstverständlichkeit ausspricht – eine Fähigkeit, die wenigstens symbolisch mit der Begabung der Frauen für das »Suchen« zusammenhängt, infolge deren sie uns oft Gegenstände, nach denen wir überall herumgesucht haben, auf den ersten Blick als direkt vor uns liegend zeigen, und die ferner einen für den Psychologen leicht durchschaubaren Zusammenhang mit ihrem Talent zum Rätselraten besitzt. Wo es den Eindruck macht, als fehlte ihnen die Fähigkeit logischen Schließens, da sind es, wie ich bei näherer Zergliederung stets gefunden habe, *materiale* Irrtümer, die sich in die Prämissen einschleichen – meistens insofern das Vorherrschen des Gefühlslebens ihre Auffassung der Tatsachen beirrt – und die das Resultat fälschen. Aus den einmal gesetzten Prämissen heraus, zu denen man freilich die halb oder ganz unbewussten rechnen muss, urteilen sie, wie ich glaube, nicht unlogischer als die Mehrzahl der Männer; grade in dieser Beziehung ist es doch bedeutsam, dass allein in der logischsten aller Wissenschaften, in der Mathematik, die Frauen große und originelle Leistungen aufzuweisen haben. Jener Aberglaube von der Unlogik der Frauen entstammt nur dem allgemeinen häufigen Irrtum, durch den materiale Inhalte, Ergebnisse und Täuschungen des

Denkens für formal logische gehalten werden. »Rein logisch« nennt es z.B. der populäre Ausdruck, dass man einem armen Menschen kein ungezähltes Geld anvertrauen soll; »rein logisch« ist es ihm, wenn bei dem Vorhandensein eines bestimmten Nahrungsquantums, nach dem zwei Individuen Begehr tragen, ein Kampf unter diesen ausbricht: und doch zeigt eine leichte Überlegung, dass aus der vorausgesetzten Situation die fragliche Folge keineswegs rein logisch hervorgeht, sondern noch einer dazwischentretenden durchaus materialen Prämisse bedarf und also keineswegs analytisch, sondern durchaus synthetisch ist. Auf dieser typischen Täuschung dürfte wohl auch das Material beruhen, auf das hin man induktiver Weise das Manko an weiblicher Logik behauptet hat. Auch wenn sich dem die weitere Behauptung anschloss, dass der Begriff der Wahrheit für die Frauen überhaupt ein andrer wäre als für die Männer, so ist dies mehr auf eine Abweichung in den materialen Annahmen als auf einen Mangel in den logisch formalen Verbindungen unter diesen zu setzen. Richtiger glaube ich behaupten zu können, dass allerdings der *Wert* der Wahrheit als eines für sich bestehenden und von seinen praktischen Folgen losgelösten Ideals ihnen schwer einleuchtet; auf die allgemeinen psychologischen Gründe hiervon komme ich weiter unten zu sprechen und erwähne hier in dieser Hinsicht nur, dass die Frauen durch ihre physiologischen Verhältnisse und die Rücksichten, welche sie auf diese nehmen müssen, vielfach gradezu gezwungen sind, irgend welche Lügen zu sagen. Ihre Schätzung der Aufrichtigkeit als solcher muss natürlich darunter leiden, dass sie ihr so oft grade aus der sittlichen Rücksicht des Anstands Abbruch tun müssen. Zudem geht die gesamte weibliche Erziehung unsrer höheren Kreise, in so weit sie auf den Verkehr mit Männern vorbereiten will, im guten Fall dahin, dass die Mädchen sich zu beherrschen lernen, im schlechten, dass sie sich zu verstellen lernen. Der verschärfte Kampf ums Dasein, der für sie als Kampf um den Mann auftritt, zwingt ihnen oft die Heuchelei, sowohl als simulatio wie als dissimulatio, gradezu auf, wozu noch die oberflächliche Bildung in Wissenschaften und Künsten gehört, die in der Mehrzahl der Fälle sofort bei Seite geschoben werden, sobald der Zweck dieser Ausstattung der Persönlichkeit, die Gewinnung eines

Mannes, erreicht ist. Alle diese Momente, in denen sowohl die Heuchelei wie die Beschäftigung mit dem Erkennen nur als Mittel zu höher liegenden Zwecken geübt werden, müssen dazu beitragen, den Wert der Wahrheit als eines selbständigen Ideals, eines für sich befriedigenden Endzwecks in ihren Augen herabzudrücken. – Ich hebe hier nur noch als dem Wahrheitsinteresse feindlich die allgemein anerkannte Neigung der Frauen zum Übertreiben hervor, die nicht ganz leicht zu erklären ist. Nach dem, was wir von der Ausdrucksweise der Naturvölker hören, scheint das Übertreiben der primitiveren Geistesverfassung überhaupt eigen zu sein; in der Tat ist das unverfälschte Aufnehmen und Reproduzieren von Eindrücken, das einfache, der Sache angemessene Urteilen keineswegs die erste, sondern erst die letzte Stufe intellektueller Ausbildung. Der menschliche Geist scheint eine natürliche Neigung zu haben, einen Anstoß in der einmal erhaltenen Richtung, aber über das Maaß seiner ursprünglichen Intensität hinaus in sich fortzupflanzen und weiterzubilden, bis eine Erschöpfung der Energie oder eine sich entgegensetzende Vorstellung dem Einhalt tut. Dies ist noch von dem einfachen Beharrungsstreben der Vorstellungen zu unterscheiden; denn während diesem gemäß der spätere Moment grade den Vorstellungsinhalt des früheren bewahrt und so gewissermaßen nur dem Trägheitsgesetz folgt, findet hier eine Veränderung statt, die mehr an die wachsende Bewegungsintensität des Körpers auf der schiefen Ebene erinnert: so nimmt die Intensität des qualitativen Inhaltes einer Vorstellung zu, wenn sie sich selbst überlassen ist.

Ich erinnere an die Übertreibungen des Traumes; der Strohhalm, der zufällig die Zehen eines Schlafenden berührt, bringt die Traumvorstellung eines durch den Fuss getriebenen Pfahles mit sich, ein schmerzender Pickel wird als eine von glühendem Blei gebrannte Wunde empfunden, eine Beklemmung als totales Ersticken, u.s.w. Hat das Vorstellen einmal eine bestimmte Richtung erhalten, so breitet sich diese offenbar in dem Maaße im Geiste aus, in dem sie wegen Mangels entgegengesetzter Kräfte Raum in ihm findet. Bei der Abhängigkeit auch unsrer scheinbar ganz objektiven Erkenntnisse von Apperzeptionen und Formgebungen aus unserm Innern heraus, bei der Mehrdeutigkeit alles sprachlichen

Ausdrucks, bei der Subjektivität aller Werturteile, ist es verständlich, dass dasjenige, was wir die Sachlichkeit und objektive Angemessenheit von Urteilen jeder Art nennen, nicht durch eine unmittelbare Adaptierung derselben an das Objekt erreicht wird, sondern durch psychische Ausgleichungen und gegenseitige Hemmungen, die jeder Vorstellung erst das Maaß ihres Anspruchs und die rechte Intensität der ihr zuzusprechenden Eigenschaften bestimmen; das Objekt selbst schränkt nicht oder wenigstens oft nicht seine Empfindungswirkung auf uns und unser Urteil darüber auf ein festes Maaß ein, sondern diese Begrenzung kommt von andern, gleichfalls das Bewusstsein für sich beanspruchenden Vorstellungen. Ich glaube deshalb, dass Exzentrizität des Empfindens und Übertriebenheit des Ausdrucks natürliche und schwer vermeidliche Eigenschaften eines Geistes sind, der noch nicht hinreichend differenziert ist, um dem Ausbreitungsstreben einer einströmenden Vorstellung sofort anderweitige modifizierende Vorstellungen entgegenzusetzen. Je ungeschiedener in sich die geistige Masse ist, desto eher wird ein auftretender Impuls das Ganze mit sich fortreißen – ganz wie eine ungebildete und homogene Menschenmenge leicht durch einen einzigen Anstoß zu den unverhältnismäßigsten Empfindungen und Handlungen hingerissen wird; bei der Übertreibung, bei der der ursprüngliche Eindruck sofort seine Nachbarn erregt und durch ihre Energie seine eigne steigert (wie es z. B. bei moralischen Urteilen ungebildeter Menschen bemerkbar ist, für die der irgendwie Verdächtige auch gleich nicht schwarz genug, der Verdienstliche nicht licht genug gemalt werden kann) verhalten sich die Vorstellungen wie Menschen, die einen Auflauf bilden: der Vorübergehende, in der Nähe Befindliche tritt hinzu, bloß weil die Andern dort stehen, oft ohne zu wissen, um was es sich handelt und ohne dass die Veranlassung es rechtfertigte. Für diesen sozialpsychologisch wichtigen Vorgang ist jener individualpsychologische vielleicht nicht nur Analogie, sondern direkte Veranlassung. Die Vorstellung wird in einem undisziplinierten Geiste widerstandslos ihrem Expansionsbestreben folgen können und so die Übertriebenheit zustande kommen, die doch nur ungenau als Eigenschaft des bloßen Ausdrucks bezeichnet wird, tatsächlich aber ein Verhältnis resp. Missverhältnis der zum Ausdruck kommenden Vorstellung ist. Wie der impulsive Charakter des weiblichen Gefühlslebens hiermit zusammenhängt, ist klar. Wie die Objektivität des Urteils, so gründet sich auch die Ruhe und das Maß im Praktischen, auf die Fülle verschiedenartiger und mit selbständiger Kraft auftretender Impulse, unter denen jeder einseitige Anstoß sofort sein Gegengewicht findet; das Verständnis für entgegengesetzte Auffassungsweisen, die Fähigkeit gleichsam mit gesonderten Organen die verschiedenen Anlässe zum Empfinden aufzunehmen und dadurch in sich zur Ausgleichung zu bringen – dies verhindert die Übertriebenheit im Denken wie im Gefühlsleben, und der Mangel daran vermöge der Undifferenzirtheit im Geistesleben der Frauen ist die Ursache ihrer relativ widerstandslosen Hingabe an die Vorstellung und an das Gefühl. Dahin muss also der übliche Ausdruck modifiziert werden, dass das lebhaftere Gefühl der Frauen ihre Neigung zum Übertreiben veranlasse.

Es geht hierbei der gleiche Irrtum vor, wie bei der Behauptung, es sei das feinere »Gefühl« der Frauen, das sie so oft die sichere und richtigere Entscheidung treffen lässt; auch hier setzt man, wie es häufig geschieht, zwei Erscheinungen, die von einer gemeinsamen tiefer gelegenen Wurzel ausgehen, in ein gegenseitiges Kausalverhältnis. Die Undifferenzirtheit des Vorstellungslebens ist die Ursache von Beidem; sie erregt einerseits durch die Massenhaftigkeit und Halbbewusstheit andrängender Vorstellungen das Gefühl in lebhafter Weise und gewährt andrerseits ein schnelleres Durchlaufen der Momente und ein entschiedeneres Hervortreten des Überwiegenden. Wenn deshalb dieser letztere Prozess von Gefühlserregungen *begleitet* wird, so ist es mindestens ein irreführender Ausdruck, dass den Frauen das Gefühl zu ihren manchmal hellseherisch erscheinenden Urteilen verhülfe. Ich brauche an dieser Stelle nur anzudeuten, dass im Praktischen die Impulsivität ihrer Entschlüsse und der feine Takt ihres Benehmens aus der gleichen Quelle ableitbar sind; die psychologischen Verbindungen liegen auf der Hand. Erwähnen will ich nur, dass das auffallende Ahnungsvermögen der Frauen, wie es auf den schnelleren, weil unkritischeren Funktionen des Assoziationsmechanismus beruht, so doch zugleich auf die niedrigere Stufe des Spürsinnes hinweist, durch den sich Tiere und niedere Völker auszeichnen.

Dass das Gefühl aber auch nach der Seite hin, wo es nicht Antizipation der Erkenntnis ist, einen außerordentlich großen Raum in dem weiblichen Seelenleben einnimmt, ist ebenso sicher. Eine Dame, welche ein großes Vertrauen bei anderen Frauen genießt, erzählte mir, dass ihrer Erfahrung nach, Mädchen nicht öfter als ein Mal unglücklich liebten; sie litten nämlich beim ersten Male so viel, dass sie sich aufs ängstlichste vor dem zweiten Male in Acht nehmen und ihren Gefühlen Halt gebieten. Wenn einmal die Erwerbs- und sonstige Tätigkeit der unverheirateten Frauen eine dem jetzigen Zustande gegenüber erweiterte sein wird, so wird eine Veränderung ihres Gefühlslebens von ganz unberechenbaren Folgen daraus hervorgehen. Denn der Umstand, dass sie jetzt so viel Zeit haben, ihren Gefühlen nachzuhängen, trägt gewiss wesentliches zu deren Macht und Tiefe bei – hat man doch die statistische Tatsache, dass die Selbstmorde der Frauen auffallend selten auf den Sonnabend fallen, so zu deuten gesucht, dass der Sonnabend als der Scheuertag ihnen nicht soviel Zeit zur Unzufriedenheit mit dem Leben ließe. Das äußerliche Moment des Zeithabens, für die Unverheirateten sogar auch in den mittleren Ständen bewirkt gewiss viele der Unterschiede des weiblichen vom männlichen Gefühlsleben.

Das Vorherrschen desselben zeigt seine Identität mit dem Charakter der Einheitlichkeit, den das Wesen der Frauen trägt, auch darin, dass eine Alterirung seiner eine vollkommene Revolution ihrer ganzen Persönlichkeit zur Folge zu haben pflegt. Hierdurch werden oft große Täuschungen über die Beschaffenheit weiblicher Seelen hervorgerufen, wenn man vergisst, dass Änderungen des Gefühlsniveaus nicht auf ihrer Höhe stehen zu bleiben pflegen, so sehr das Herz selbst auch immer geneigt ist, seine Zustände für definitive zu halten; und dass anderweitige, durch jene hervorgerufene Abänderungen dieses Schicksal teilen müssen. Eine solche Täuschung ist es oft, wenn man junge Mädchen nach ihrer Verlobung ganz verändert – und zwar zu ihrem Vorteil – findet; die Erregung, Anspannung und Konzentration des Gefühlslebens, auch durch die einer Braut zuteil werdende allgemeine Aufmerksamkeit gesteigert, die Erhöhung des Lebensgefühles und Hoffnung alles Zukunftsglückes bringt natürlich eine Steigerung der Persönlichkeit mit sich, alle

Fähigkeiten sind in höchster Funktion u. s. w. Aber es liegt auf der Hand, dass das nur Galvanisirung ist und in wieder ausgeglichenen Verhältnissen wieder dem früheren Wesen Platz macht. Es ist nichts anderes, als im Physischen die Verschönerung durch die Freude – eine zweifellose Tatsache, die aber mit der Freude wieder verschwindet.

Insofern diese Macht des Gefühlslebens von der Einheitlichkeit der Frauen bestimmt wird, kann ihre Ergriffenheit durch Romane einen Beleg dafür bilden; sie erleben diese völlig mit, identifizieren sich ganz und gar mit den Personen und Affekten, weil sie sozusagen innerlich nicht differenziert genug sind, um außer der Vorstellung, die ihre Phantasie erfüllt, noch eine andere, daneben- und darüberstehende Vorstellungsmasse aufzuweisen. Deshalb sind sie auch schlechte Kritiker, wo es sich um Beurteilung nach objektiven Kunstnormen handelt, weil sie zu sehr und ganz in der Sache darinstecken – auch hier die niedrigere Entwicklungsstufe zeigend; denn dieses Stadium muss auch der gute Kritiker dem einzelnen Kunstwerk gegenüber durchmachen, d. h. er muss es *durchmachen,* sich darüber hinausarbeiten. Deshalb sind sie auch überhaupt der Analyse, dem zergliedernden Aussondern der einzelnen Momente eines Geschehens, eines Fühlens, einer Persönlichkeit, abgeneigt; sie empfinden es als einen unbehaglichen Zwang, wenn sie die Vorstellungen, die den Gegenstand für sie repräsentieren, differenzieren und auseinanderlegen sollen. Aber eben darum fehlt ihnen auch das, was man Sachlichkeit nennt – wovon der Zusammenhang einfach der ist, dass Differenzierung Verselbständigung bedeutet und alle Sachlichkeit und Objektivität des Vorstellens nichts anderes ist, als die verselbständigende Loslösung der einzelnen Vorstellung und des Interesses an ihr aus den Verschmelzungen und Verkettungen, die das Ineinander des ursprünglichen psychischen Zustandes ihr auferlegt. Da das Ich in der Gesamtsumme und dem Wechselspiel der Vorstellungen besteht, so ist der Standpunkt der Subjektivität grade der, dass die einzelne Vorstellung noch in lebhaftester Verbindung mit der ungesonderten Masse der übrigen steht und von dieser getragen wird. Wo die einzelne Vorstellung noch nicht selbständig genug ist, um in reinlicher Absonderung von den andern nur in ihren logischen Beziehungen betrachtet zu werden, wo sie vielmehr leicht den gesamten Bewusstseinsinhalt in Erregung versetzt und in ihr Schicksal hineinzieht, da liegt eben das vor, was wir Subjektivität und Mangel an Sachlichkeit nennen. Und hierüber sind alle Beobachter einig: über die Leichtigkeit, mit der die Frau die Gesammtheit ihres Seelenlebens von *einem* Punkte aus aufregen lässt, mit der sie für ein einzelnes Interesse ihr ganzes Denken und Fühlen einsetzt – und, als Korrelat dazu, über ihre geringe Fähigkeit, das Einzelne in seinem reinen Fürsichsein vorzustellen und zu beurteilen, mit einem Wort, über ihren Mangel an Objektivität. Wir sehen, wie dieser auch nur eine Folge des Mangels an Differenzierung im weiblichen Seelenleben ist, insofern angesichts dieses die einzelne Vorstellung in zu enger Solidarität mit den übrigen, also mit der gesamten Subjektivität auftritt. – Ich will an dieser Stelle nochmals hervorheben, dass, wenn man den Frauen gewisse Eigenschaften zu- oder abspricht, dies nur ein durchschnittliches Mehr oder Minder gegenüber dem Durchschnittsmaaße derselben bei den Männern bedeutet – eine Differenz, deren Größe sich in den allerweitesten Grenzen bewegt. Daraus, dass diese Reserve entweder nicht gemacht oder nicht im Bewusstsein behalten wird, erklärt sich der Schein von Ungerechtigkeit, Übertriebenheit und vorurteilsvollem Schematisieren, der auf den Urteilen über die Frauen im Plural zu haften pflegt. –

Das geringe Interesse der Frauen an dem staatlichen Leben, ihre Gleichgültigkeit auch gegen die sittlichen Beziehungen desselben da, wo nicht ihr Gefühlsleben unmittelbar durch ein konkretes, anschauliches Schicksal des öffentlichen Wesens angeregt wird, erklärt sich wenigstens teilweise aus dem obigen Grundzug, insofern dies nur eine Seite ihrer allgemeinen Unfähigkeit ist, sich im Denken und Empfinden höheren Abstraktionen anzupassen. Denn alle Abstraktion, die aus vielem Einzelnen ein höheres Allgemeines zusammenfasst, ist zwar schließlich Integration, aber nur auf Grund voraufgegangener Differenzierung. Wenn nicht aus den Vorstellungskomplexen, die zunächst mit dem bunten Ineinander und Durcheinander ihrer Bestandteile das Bewusstsein erfüllen, jeder einzelne derselben zu besonderem Bewusstsein herausdifferenziert wird, so wird es zu derjenigen gegenseitigen Apperzeption der

Teile von Erscheinungskomplexen nicht kommen, die den Begriff dieses Teiles eben als einen höheren, jene letzteren als Einzelbeispiele unter sich begreifenden, zustande bringt. Wo das Vorstellen also nicht die Bestrebung hat, seine Bestandteile zu sondern und zu verselbständigen, da wird zugleich die Fähigkeit, abstrakte, über die anschauliche Einzelheit der Dinge sich hinaushebende Begriffe zu bilden, unentwickelt bleiben und entsprechend auch das Interesse an Vorstellungen, die eine derartige Erhebung zur Voraussetzung haben. Wir bemerken deshalb, dass Frauen und größere Massen – insoweit sie auf niedrigerem geistigen Niveau stehen – sich für eine Idee immer nur durch eine einzelne Person oder ein greifbares Ereignis oder Symbol hindurch begeistern können; die Idee des Patriotismus kristallisiert ihnen häufig genug zu der Person des Herrschers, knüpft sich für ihr Bewusstsein mit Vorliebe an die Vorstellung einzelner historischer Geschehnisse oder Verkörperungen, ihr Sozialinteresse äußert sich in der Mildtätigkeit von Person zu Person, während sie den Gedanken, dass man aus höheren sozialen Gesichtspunkten dem Bettler die Gabe verweigere, weder recht verstehen noch recht billigen können. Deshalb sind auch diejenigen idealen Bestrebungen, die sich um persönliche Wesen gruppieren, den Frauen die zugänglichsten, also vor allem die religiösen, und die oftmalige Krassheit ihres Aberglaubens, im Vergleich mit Männern des gleichen Bildungskreises, ist ein Zeichen ihrer Entwicklungsstufe, insbesondere durch das Mittelglied hindurch, dass das Kleben am Konkreten, die Sucht, das Höchste an ein Sichtbares zu knüpfen, ein Zurückbleiben in der geistigen Differenzierung anzeigt. Nächstdem werden sie sich deshalb den künstlerischen Interessen zuwenden, weil in diesen das abstrakte Ideal einen greifbaren Körper gewonnen hat; und vielleicht hat die bekannte Tatsache, dass sie es in der Kunst des Aufnehmens und in der des Reproduzierens zur höchsten Meisterschaft gebracht haben, während ihnen eigene Produktion nicht gelingt, ihren Grund darin, dass der produktive Künstler von der Idee aus ihren sinnlichen Körper gewinnt, von jener ausgehend und sie sozusagen mehr und mehr verengend an ihrer sichtbaren Darstellung an einem Einzelnen erst mündet – während der Genießende und der Reproduzierende die Konkretheit des Kunstwerkes vorfindet und von ihr ausgehend zu seiner Idee aufsteigt. Wie für die Frauen der einzelne Mensch, der ihnen die religiöse oder eine sonstige Idee darstellt, sozusagen das Sprungbrett ist, das allein ihnen in die Höhe dieser hinaufhilft, so bedürfen sie vermöge ihres Mangels an Abstraktionsvermögen – der soweit geht, dass sie manchmal den Besitz von Papiergeld fast als etwas wertloses gegenüber dem von barem Gelde ansehen – auch für die künstlerische Idee eines einzelnen Anhaltspunktes, den sie in dem fertigen Kunstwerk finden; der Schaffende geht den umgekehrten Weg und daher erklärt sich ihre Unfähigkeit zur Produktion und ihre Fähigkeit für Reproduktion, sei es im genießenden Empfangen, sei es in der Schauspielkunst, dem musikalischen Virtuosentum, oft auch in der Kopirkunst bis zu der in den Handarbeiten geübten. An einem Punkt freilich haftet das weibliche Interesse aufs festeste an einem ganz Unpersönlichen und Allgemeinen: an der Sitte. Gegenüber dem Rechte einerseits, der freien Sittlichkeit andrerseits, stellt die Sitte einen Keimzustand dar, in dem jenes beides noch ungeschieden schlummert. Die Sitte umschränkt die Persönlichkeit, ohne ihr den Zwang des Rechts anzutun, aber auch ohne ihr die Freiheit zu lassen, mit der wir den Fragen der höheren Sittlichkeit gegenüberstehen. So weit auch ihr Gebiet überhaupt sich erstreckt – weit über das des Rechts hinaus – so ist sie doch in gewissem Sinne diesem gegenüber immer Sache des kleineren Kreises: auf Verletzungen der guten Sitte reagiert der engere Kreis derer, die irgendwie dadurch betroffen oder Zeugen davon waren, während die Verletzung der Rechtsordnung eine Reaktion der Gesammtheit aufruft; die Sitte ist in einer größeren Gesammtheit für die Unterabteilungen derselben höchst verschieden, während das Recht Gleichheit Aller voraussetzt; sie genügt deshalb, um einem kleineren Komplex von Menschen hinreichend feste Lebensnorm zu geben, muss aber bei weiterer Ausdehnung desselben sich einerseits zum Gesetz verdichten, andererseits zur persönlich sittlichen Autonomie lockern, und wird, wie erwähnt, aus einem Zusammenhalt des großen Ganzen zu einem für die kleineren Abteilungen desselben. Dieser Charakter des Unentwickelten, das sich sowohl zu der höchsten und abstrakten Allgemeinheit wie zu der ganz auf sich selbst stehenden Individualität erst differenzieren soll, stiftet einen psychologischen Zusammenhang der Sitte mit der Verfassung der Frauen, deren Seeleninhalte in gleicher Weise der höchsten Abstraktion wie der schärfsten Individualisierung fernstehen, und so zu jenen Keimzuständen, aus denen beides erst sich zu entwickeln hat, von vornherein disponiert sind. Ich habe an einem andern Orte (Vierteljahrsschr. f. wiss. Philos., Bd. XII, S. 32 ff.) nachgewiesen, dass die Ausbildung der Individualität Schritt hält mit der Erweiterung des sozialen Kreises, in dem sie stattfindet; der engere Kreis dagegen hemmt die freie Entfaltung der Persönlichkeit, gewährt ihr aber dafür einen Anhalt und eine Stütze, die der auf sich allein gestellte Mensch, der nur Glied einer sehr weiten Allgemeinheit ist, entbehren muss; die kleinere soziale Gruppe hat ein viel größeres Interesse daran, ihr einzelnes Mitglied zu schützen und zu stützen, als die weitere, in der der Kampf ums Dasein heftiger entbrennt und den Einzelnen zur Ausbildung der Spezialität und zur Selbständigkeit zwingt. Deshalb wird sich der Schwache immer nur in einem relativ kleinen Kreise wohl und sicher fühlen. Ist nun die Sitte die Lebensform des kleineren Kreises, so liegt auf der Hand, welches Interesse grade der Schwache, der Anlehnung Bedürftige, an ihr nehmen muss, der untergehen würde, sobald der nur von der freien Kraft des Individuums entschiedene Kampf ums Dasein losbräche; die Sitte bewirkt mittelbar und unmittelbar eine gewisse Gleichheit zwischen dem Starken und dem Schwachen, die sogar in ihrer Hemmung des bloß natürlichen Verhältnisses beider soweit geht, dass sie gradezu den Schwachen bevorzugt: die Ritterlichkeit den Frauen gegenüber gibt ein treffendes Beispiel dafür. Die Schwäche der Frauen also ist es, die sie die Anlehnung an die Sitte zu suchen zwingt; denn selbst die Macht, die sie vermöge des geschlechtlichen Reizes ausüben, ist nur in einer gesitteten Gesellschaft möglich, wo die Befriedigung der Liebeswünsche von Werbung und Gewährung abhängig ist und das Versagen respektiert wird, aber nicht in einer ungesitteten, wo die individuelle Gewalt sich einfach dessen bemächtigt, was ihr gefällt, wenn es durch keine überlegene Kraft verteidigt wird. Wenn die Frauen also ganz besonders zu Hütern der Sitte berufen sind, wenn, wie *Goethe* es erschöpfend ausdrückt, der Mann nach Freiheit, das Weib nach Sitte strebt, so ist der reale Grund davon der Schutz, den die Sitte gewährt, einerseits in Ergänzung des gesetzlichen Rechtes, das seiner Allgemeinheit wegen für unzählige einzelne Fälle nicht zureicht, in Ergänzung andrerseits der Kraft der Individualität. Dies ist indes sozusagen nur eine praktische Anwendung jenes tieferen psychologischen Zusammenhanges, demzufolge die Sitte die undifferenzierte Lebensnorm gegenüber jenen beiden entschiedeneren bedeutet und dadurch der psychischen Entwicklungsstufe der Frauen entspricht.

Es liegt auf der Hand, dass auch jenes praktische Motiv des Strebens nach Sitte den Frauen in der Mehrzahl der Fälle nicht bewusst sein wird, sondern nur als Resultat der Gattungserfahrung, also in der Form des Instinkts, seine Macht übt; das Anlehnungsbedürfnis der Frauen tritt weit eher in ihr Bewusstsein, als sein Motiv, die persönliche Schwäche. Diese Macht der Gattungsvorstellung ist mir immer auch in dem Falle der Anlehnung der Frauen an eine bestimmte Person, also in der Ehe, von auffallender Stärke erschienen. Ein Mädchen mag heute noch schwankend sein, ob sie einen Mann, der ihre Hand erbeten, erhören soll oder nicht; tut sie es nicht, so existiert fürderhin keine Spur einer Beziehung zwischen ihnen; irgend ein relativ unbedeutendes Moment mag den Ausschlag geben, es doch zu tun; und nun ist sie - wenigstens in sehr vielen Fällen - innerlich auch gleich unbedingt an ihn gebunden, ihm oft blind gehorsam, würde alles denkbare Schwere für ihn ertragen; keine Steigerung realer Momente führt in begründbarer Weise allmählich zu diesem Resultat; sondern sprunghaft, durch die bloße Macht des Gedankens, dass er nun einmal ihr Mann ist und damit dieses unbedingte Sichhingeben dasein muss und da ist, wird es erreicht. Diese Macht ist offenbar das plötzlich in Wirkung tretende, bis dahin latent gebliebene Resultat von durch unzählige Generationen vererbten Vorstellungen und Gewohnheiten, das nun allerdings dem Individuum so überwältigend und überraschend entgegentritt, so wenig aus seiner eigenen Geschichte erklärbar scheint, dass es nicht zu verwundern ist, wenn man das Hineinspielen eines überirdischen Prinzips dabei vermutete, wenn man Ehen im Himmel geschlossen sein lässt und ihre Unauflösbarkeit damit begründet, dass Gott sie zusammengefügt hat. Die Einzelne tritt hiermit die Erbschaft der Gattung an, deren Wirkung eben jene Plötzlichkeit, jenes Geben von Vielem mit einem Schlage aufweist, wodurch sich das Erben vom Erwerben unterscheidet.

Sind die Frauen so an die Sitte gebunden, so ist nicht zu leugnen, dass wie die Ursache davon eine gewisse Beschränkung ist, eine ebensolche auch die Folge davon wird; so reizvoll auch Schüchternheit, Zurückhaltung, Sittsamkeit bei einer Frau ist, so wird dennoch hierdurch die Erscheinung gewisser Seiten ihres Wesens unmöglich, die vielfach vielleicht abstoßend, mannigfach aber auch anziehend sein würden. Hierauf beruhen die scheinbar rätselhaften Erfolge, die Frauen, welche die Schranken der Sitte und Sittlichkeit überschritten haben, erringen, und die oft in gar keinem Verhältnis zu ihren naturgegebenen Reizen stehen. Indem sie die Zurückhaltung abstreifen, die *alle* Wesensäußerungen einer sittsamen Frau dämpft und viele unterdrückt, können sie in der Degagirtheit der Bewegungen, der Vorurteilslosigkeit ihrer Meinungen, der Freiheit in deren Aussprache viele Reize zeigen, deren Entfaltung sich die in den Schranken der Sitte bleibende Frau selbst untersagt. Es ist dies einer der Vorteile, die die Kultur dem Unsittlicheren dadurch bietet, dass zwischen dem, was keiner darf, was mit Unlustfolgen für den Täter verbunden ist und dem, was jeder darf, ein Gebiet liegt, das zwar nicht gesetzlich verboten ist, dessen Beschreitung aber der ehrenhafte Mensch sich selbst verbietet; der Gewissenlose hat unzählige Mittel zur Erreichung seiner Zwecke zur Verfügung, die dem Gewissenhaften durch nichts Äußerliches, sondern nur innerlich versagt sind und die jenem deshalb einen erheblichen Vorsprung im Kampf ums Dasein geben.

Es kann auch nicht geleugnet werden, dass die unbedingte Bindung an die Sitte mancherlei Beschränkungen und Vorurteile zur Folge hat, die für die höhere Sittlichkeit gleichgültig oder ihr gar entgegengerichtet sind – ein Übelstand, wie er von der Anlehnung an eine Autorität schwer zu trennen ist und um so schwerer in diesem Falle, weil die Undifferenzirtheit des weiblichen Vorstellens, wie sie Sitte und Sittlichkeit zusammenfallen lässt, überhaupt dazu neigt, ein einmal Gegebenes in Bausch und Bogen hinzunehmen und auch wegen des größeren Sicherheitsgefühles, das die Schwäche aus der *Unbedingtheit* einer Anlehnung gewinnt, es vermeidet, die einzelnen Momente einer Norm herauszulösen und gesondert auf ihr Recht zu prüfen. Aus all' diesen Momenten zusammengenommen stammt die Härte, mit der die Frauen den Bruch der äußern Sitte, namentlich durch Frauen, verurteilen, während wir hierdurch zugleich die Tatsache tiefer begreifen, dass sie im einzelnen Falle diesen Bruch so lange es angeht nicht zugeben, sondern im Gefühl, dass es die Ehre ihres Geschlechts gelte, die Handlungsweise anderer Frauen im guten Sinne auslegen. Ein objektives Lebenselement, aus dem man Anlehnung und Kraft gewinnt, erhält man in seiner Reinheit und Wirksamkeit am besten durch entschiedenen Einschluss oder entschiedenen Ausschluss des Individuums. Und so erlebt man denn, dass Frauen das ganz gleiche moralische Verdammungsurteil über Gretchen wie über Marguérite Gauthier, über Stella wie über Messalina fällen; die bloße Tatsache der nicht legitimierten Hingabe genügt dazu, der bloße Bruch mit der Sitte, deren Kraft gefährdet wäre, sobald durch Auseinanderlegung der Motive jenes Bruches ein Kompromiss mit ihr möglich wäre. Ich möchte behaupten, dass in dieser Hinsicht die Sitte sich zur Sittlichkeit ungefähr verhält wie die Technik zur Kunst, dass die erstere nur insofern Wert hat, als die zweite durch sie hindurchscheint und ihren Endzweck bildet; und dass das Talent der Frauen zum Technischen, dem aber der höhere Kunstzweck, an den es sich lehnt, von andrer Seite gegeben sein muss, gewissermaßen ihrem Talent zur Bestimmung dessen, was sich ziemt, entspricht. Denn auch die Sitte erhält ihre Bedeutung doch nur daher, dass der Kulturprozess ethische Zwecke schafft, an die sie sich vorbereitend und abgeleitet anlehnt.

Wo es dagegen ohne selbständige höhere Abstraktion nicht möglich ist, für ein Ideal Verständnis und Interesse zu gewinnen, da scheitert den Frauen auch beides: an der Wissenschaft, an den höheren politischen Idealen, an derjenigen Sittlichkeit, die das Nähere und Kleinere vernachlässigt, um dem weitesten Kreise zu dienen. Darum kann ich das oft gehörte Lob der Frauen, dass sie Priesterinnen und Bewarerinnen des Idealismus wären, nur da für gerechtfertigt halten, wo ganz besondere Umstände dazukommen, z.B. eine hervorragend starke Richtung der Männer auf materiellen Erwerb; da die Frauen von der direkten Beteiligung an der Jagd nach diesem Glück ziemlich ausgeschlossen sind, ist es natürlich, dass sie den Männern gegenüber, die ganz in derselben aufgehen, den Eindruck des Immateriellen und Idealistischen machen. Wo ferner unter den Männern eine scharf durchgeführte Arbeitsteilung herrscht, da werden die Frauen, die wegen ihrer gleichartigeren Interessen gewissermaßen den Indifferenzzustand dieser um sie herum vorgehenden Bewegungen bilden, über den Gegensätzen zu stehen scheinen und den damit verbundenen Anschein von Verklärung und Idealität gewinnen. Allein hierbei geht eine psychologisch wohl begreifliche Verwechslung vor sich. Von dem, was jenseits der Gegensätze steht, glaubt man leicht, dass es über ihnen stehe; von dem, was noch garnicht in sie eingetaucht ist, dass es sie überwunden habe und sie versöhnt in sich trüge. Wie die Reinheit und Unschuld eines Kindes uns oft eine beschämende Mahnung auszusprechen scheint, während diese Eigenschaften doch nur für den Erwachsenen verdienstvoll sind, der sie nach allen Stürmen und Versuchungen bewahrt oder wiedergewonnen hat und so bei formaler Ähnlichkeit des Resultats dem Kinde grade das fehlt, wodurch dieses Resultat sittlichen Wert besitzt: so erscheint uns die Einheitlichkeit des Wesens der Frauen, die subjektive Sicherheit ihrer Instinkte, die Unberührtheit, mit der sie in unzähligen Wirrnissen des Lebens darin stehen, als Ideal, in dessen Erreichung sie uns weit überlegen seien. Allein wir bedenken dabei nicht, dass hier einer der häufigen Fälle vorliegt, wo das Endglied des Prozesses die gleiche Form wie sein Anfangsglied zeigt. *Nachdem* vollständige Spezialisierung und Differenzierung der Teile des Wesens errungen ist, *nachdem* jede Fähigkeit die Selbständigkeit vollkommener Ausbildung gewonnen hat, ist es freilich höhere Lebensaufgabe, dieses Mannigfaltige wieder zu vereinheitlichen, die Buntheit der Triebe, der Gedanken, der Betätigungen wieder durch enge gegenseitige Beziehungen zur Versöhnung zu bringen. Aber wenn jener Prozess nicht vorausgegangen ist, wenn sich die Vereinheitlichung nicht an dem bereicherten Materiale vollzieht, so liegt auf der Hand, dass die Voraussetzung für jenen den Frauen eingeräumten Vorzug bei ihnen relativ unerfüllt bleibt und ihnen von den Männern wahrscheinlich nur deshalb subintelligirt wird, weil sie bei diesen relativ erfüllt ist. Auch im Erkenntnisleben stellt sich nach langandauernder Übung im bewussten Denken und Forschen schließlich eine gewisse Unbewusstheit dadurch ein, dass lange Schlussreihen, vermöge der gewachsenen Denkübung mit außerordentlicher Schnelligkeit und in entsprechender Verdichtung vollzogen werden, so dass das Resultat wie durch einen glücklichen Takt, einen sicheren Instinkt für das Richtige eingegeben scheint. Allein der Wert dieser Unbewusstheit ist doch von den psychischen Ereignissen abhängig, die, ihr in bewusster Form vorangegangen, jetzt ihren Inhalt und ihre Richtung bestimmen; indem wir diese Genesis der unbewusst ahnenden Form des Denkens, die dann allerdings gewissermaßen seine höchste Vollendung bezeichnet, voraussetzen, gewinnt das Erkenntnisleben der Frauen in der nachtwandlerischen Sicherheit ihrer Instinkte und ihres Taktes, für unsere Beurteilung einen Vorsprung, den aber ein näheres Zusehen, sowohl a priori wie a posteriori, ebenso oft als einen Sprung nach der falschen wie nach der richtigen Seite zeigt. Die Schätzung der Frauen steigt hier durch einen psychologischen Vorgang, der für die Wertlehre überhaupt von Wichtigkeit ist: Menschen, die sehr verschieden von uns sind, und so, dass sie uns zum vollkommenen Menschen ergänzen, halten wir leicht für an sich vollkommen; nicht nur weil wir das höher schätzen, was uns fehlt, sondern weil wir dasjenige, was wir selbst sind, als gewissermaßen selbstverständlich dazu ergänzen; unwillkürlich und unbewusst halten wir uns mit ihnen zusammen und der Eindruck des Vollkommenen, der dabei herauskommt, wird auf sie projiziert. Die Einheitlichkeit und Ganzheit im Wesen der Frauen ermöglicht ihnen auch Anpassungen, die dem Manne schwer oder garnicht gelingen. Wie sie es verstehen, in der häuslichen Einrichtung aus jedem gegebenen Material ein gemütliches und harmonisches Ganzes herzustellen, das trotz der Zufälligkeit und Heterogeneität der Bestandteile den Eindruck gewährt, als dürfte es garnicht anders sein: so wird es ihnen auch vermöge der engen Zusammengehörigkeit ihrer Seeleninhalte leicht, wenn einmal ein bestimmter Zustand mit bestimmten Anforderungen gegeben ist, sich auf diesen abzustimmen und die Gesammtheit ihres Seins und Tuns zu einer neuen Einheit, die den neuen Charakter trägt, zu gestalten; wie sie sich besser in herabgekommene Verhältnisse finden, so werden ihnen auch Erhöhungen der Lebenshaltung schneller gewöhnt als den Männern, die viel länger die Rudimente der früheren Zustände in ihrer größeren Teilung fähigen Natur bewahren und so häufiger einen entweder tragischen oder komischen Kontrast jener mit den neuen Umständen darbieten. Dass der Übergang zu so geänderten Verhältnissen bei den Frauen oft von stärkeren Wehen, Schwankungen und eruptiven Erschütterungen begleitet ist, ist kein Gegenbeweis; denn grade darin zeigt es sich, dass wirklich eine Umwandlung des ganzen Wesens vor sich geht, während die neuen Vorstellungen bei dem Manne sozusagen mehr lokalisiert bleiben und deshalb einen mehr chronischen Kontrast bilden, den der Einheitstrieb des Geistes nicht so leicht wie dort überwindet. Deshalb gelingt es den Frauen auch eher, sich mit halben, unentschiedenen Verhältnissen abzufinden, wahrscheinlich in tieferem Zusammenhang mit der Eigenschaft ihrer theoretischen Vernunft, sich gern ohne scharfe, klar gesonderte Begriffe zu behelfen. Ein so unentschiedener, nur im Übergang bestehender Zustand, wie die Brautzeit ihn bietet, den der Mann bekanntlich selbst im besten Fall unbefriedigend und unbehaglich findet und möglichst abzukürzen strebt, ist für das Mädchen in der Regel von wunschlosem Glück erfüllt, sie kann sich mit der Totalität ihrer Seeleninhalte an die Halbheit desselben anpassen. Wie viel mehr der Brautstand der weiblichen als der männlichen Natur adäquat ist, zeigt sich auch symbolisch daran, dass das Wort »Braut« uns so wundervoll poetisch und ansprechend klingt, während »Bräutigam« hässlich und in feineren Kreisen fast perhorresziert ist. Über der Vorstellung Bräutigam schwebt ein leiser Hauch von Humor, wie über allen Verhältnissen von Männern, die einen Übergang, eine Halbheit, ein erst Werdendes bedeuten: Kandidat, Privatdozent, Aspirant u.s.w.

Es kommt in Bezug auf jenes günstige den Frauen entgegengebrachte Vorurteil noch eines hinzu. Häufig ist ausgesprochen worden, dass die weiblichen Reize im Halbdunkeln oder durch eine, mit diesem verwandte, Halbverhülltheit ganz außerordentlich an Anziehungskraft gewinnen; offenbar auf Grund eines gewissen Optimismus, der das, was er nicht sieht, sich sofort so vorstellt, wie er es gern sieht. Nun zeigt aber auch das Seelenleben der Frauen vermöge seiner Undifferenzirtheit ein

Halbdunkel, eine Halbverhülltheit auf, der gegenüber der gleiche Optimismus und Idealisierungstrieb Raum zur Entfaltung gewinnt und alle diejenigen Reize und Vollkommenheiten in jenes hineinlegt, deren Gegenteil ebensowenig wie ihre Wirklichkeit aus der dunkleren und mehr keimhaften Beschaffenheit des psychischen Inhalts objektiv zu erkennen ist. Weil endlich die Undifferenzirtheit mit der Potentialität im Gegensatz zur Aktualität zusammenfällt, erklärt sich aus ersterer auch, dass man auffallend häufig einer Frau gegenüber, sobald man sie näher kennen lernt, zu der Vorstellung kommt, dass die Natur eine Menge von Keimen in sie gelegt hat, die nicht zur Reife gekommen sind, dass viel mehr aus ihr hätte werden können, als tatsächlich geworden ist. Es mag hierbei insofern eine Täuschung vorliegen, als jener unvollkommnere Zustand aus der Entwicklung der Gattung hervorgeht und deshalb vielleicht nur durch diese und in dem ihr eigenen Tempo zu überwinden ist, aber nicht durch unmittelbare Einwirkung auf das Einzelwesen. Die falsche individualistische Auffassung, in der wir noch fast durchgehends befangen sind, verführt den Beurteiler leicht zu der Meinung, dass die von ihm selbst eingenommene Stufe auch dem auf niedrigerer Stehengebliebenen erreichbar wäre, wenn auf diesen nur in der richtigen Weise eingewirkt würde. Beide Stufen aber sind nicht anders erreichbar als durch Ausstattung seitens der vorangegangenen Generationen und die Potentialität der tieferen im Verhältnis zur höheren ist, wenn es ganze Klassen betrifft, nur durch soziale, aber nicht durch individuelle Entwicklung in die Aktualität der höheren überzuführen. Ist der Mangel an Differenzierung nun der tiefste Grund dessen, was die Frauen von den Männern unterscheidet und ihnen die tiefere Stufe anweist, so würde der Versuch der Gleichstellung vor allem mit einer gewachsenen Funktionsteilung unter ihnen zusammenfallen. Vorläufig pflegt sich die Tätigkeit der Frauen noch so auf das Haus zu konzentrieren, dass man, vereinzelte Extreme ausgenommen, wohl sagen kann, die Tätigkeit der höchsten und der niedrigsten Frau unterscheide sich lange nicht so sehr, wie sich die des höchsten und des niedrigsten Mannes unterscheidet. Wächst nun die Differenzierung unter ihnen, so tritt notwendig folgendes ein: da die rein physiologische Konstitution des weiblichen Geschlechts immer gewisse Funktionen auf ihnen ruhen lassen muss, wie das Gebären und die Pflege des ersten Kindesalters, und sie von andern, große Körperkraft und Abhärtung verlangenden, ausschließt, wodurch sie wiederum auf die geschützteren Funktionen im Hause zurückgewiesen werden – so folgt aus einer gesteigerten Arbeitsteilung unter ihnen, dass einige zwar weit über das jetzige Niveau in Hinsicht ihrer Ausbildung und Tätigkeit erhöht, die andern dagegen um so ausschließlicher zu Kindergebärerinnen und Köchinnen herabgedrückt werden. Die Verteidiger der Emanzipation, die die Frauen von der Fesselung an Strickstrumpf und Kochtopf erlösen möchten, pflegen dies nicht zu bedenken, dass, da die hiermit bezeichneten Funktionen weder entbehrt, noch, aus sehr guten Gründen, den Frauen abgenommen werden können, eine steigende Differenzierung unter ihnen zwar eine Reihe von Frauen davon befreien kann, um sie höheren und geistigeren Berufen zuzuwenden, aber nur um den Preis, dass die übrigen viel enger und in viel spezialisierterer Weise an jene Funktionen gefesselt werden.

Wie sehr für das weibliche Wesen die mangelnde Differenzierung bezeichnend und entscheidend ist, zeigt sich an den Beziehungen derselben zu dem zentralen Gebiete jenes, zu dem geschlechtlichen Leben. Wo *Burckhardt* (Kultur der Renaissance II., 213) von der Häufigkeit des Ehebruchs in der Renaissancezeit spricht, hebt er hervor, wie die volle individuelle Entwicklung der Frau, die sie auf gleiche Stufe mit dem Manne stellte, damals ein wichtiges Moment dafür gebildet habe. Er werde sogar gleichsam als berechtigt empfunden, wenn Untreue des Mannes hinzukäme; die individuell entwickelte, ihrer Persönlichkeit sich bewusste Frau empfinde diese nicht nur als Schmerz, sondern als Hohn und Demütigung und nun übe sie, oft mit ziemlich kaltem Blute, die Rache, die der Gemahl verdient hat und die nichts als eine Vergeltung von Gleichem durch Gleiches ist. So richtig dies letztere auch von einem rationalistischen Standpunkt, so ungerecht die Verschiedenheit der Schuld scheint, mit der die öffentliche Meinung den Ehebruch der Frau gegenüber dem des Mannes belastet, so gewinnen wir doch aus der Undifferenziertheit der weiblichen Natur eine Rechtfertigung für diese Ungleichmäßigkeit. Dieselbe liegt darin, dass beim Manne vermöge der stärkeren Individualisierung der Teile seines Wesens, die Sinnlichkeit in relativer Sonderung von dem übrigen und hauptsächlichen Seeleninhalt bestehen und eine Befriedigung suchen kann, während die ungeschiedenere Einheitlichkeit der weiblichen Seele dies weniger gestattet. Deshalb nimmt man mit Recht an, dass eine Frau sich nur ganz oder garnicht hingeben kann, dass sie auch die innerlichste seelische Treue dem Manne gebrochen hat, dem sie die sexuelle Treue bricht und dass der Ehebruch bei ihr deshalb sozusagen ein totalerer und schuldvollerer ist, als beim Manne, dem häufiger »zwei Seelen in der Brust« wohnen und der deshalb unter Umständen eher die innere seelische Treue seiner Frau bewahren kann, der er die äußere gebrochen. Wo also die Frau, wie in den von *Burckhardt* charakterisierten Fällen, vielseitigerer Entwicklung genießt und sich damit dem männlichen Typus mehr nähert, erscheint der Ehebruch nicht so schuldvoll, weil er nicht die ganze Persönlichkeit betrifft. Eines der stärksten Beispiele für diese Zerteilung der Persönlichkeit, bei der »die Linke nicht weiß, was die Rechte tut« und das ethische Schicksal des Ganzen völlig von dem des Teiles gesondert erscheint, finde ich bei *Boccaccio* (Decam. giorn. VI. nov. VII): eine Frau, von ihrem Gatten wegen Ehebruchs gerichtlich angeklagt, fragt denselben in der Verhandlung, ob sie sich ihm je entzogen und ihr Verhältnis mit ihrem Liebhaber je ihre eheliche Pflichterfüllung vermindert oder verkümmert hätte; und wie er dies verneinen muss, fährt sie fort: Adunque domando io, messer podestà, se egli ha sempre di me preso quello che gli è bisognato e piaciuto, io che doveva fare o debbo di quel che gli avanza? debbolo io gittare ai cani? non è egli molto meglio servirne un gentile uomo che più che sè m' ama, che lasciarlo perdere o guastare? – worauf sie vom versammelten Volke freigesprochen wird. Hier ist der Mangel jener Einheitlichkeit des Wesens, die mit der sexuellen Hingabe an Einen ihm auch die ganze und volle Persönlichkeit gibt, und die daraus folgende ethische Entlastung scharf ausgesprochen. Die Voraussetzung jener Einheitlichkeit aber rechtfertigt noch eine andere scheinbare Ungerechtigkeit, die gegen die Frauen begangen wird. Von einem gefallenen Mädchen sagt man, sie habe ihre »Ehre« verloren und die Gesellschaft behandelt sie dementsprechend. Man wird dabei nicht leugnen können, dass eine solche Person in all und jeder andren Beziehung die denkbar ehrenhafteste sein kann; der Doppelsinn von Ehre, einmal im engeren Sinn der Sexualehre, und dann in jenem weiteren, der den Wert der ganzen Persönlichkeit einschließt, scheint an den Verlust der ersteren unbilligerweise den der zweiten zu heften. Allein die relative Einheitlichkeit des weiblichen Wesens rechtfertigt dies wieder; man wird im Allgemeinen annehmen können, dass die geschlechtliche Hingabe eines Mädchens keine partielle ist, sondern auch die totale von Geist und Körper, Sein und Haben, Willen und Gefühl anzeigt. Was nun hieran die persönliche Ehre im weitesten Sinne herabzusetzen geeignet ist, ist der Umstand, dass ihr Verführer in der Regel sehr weit davon entfernt ist, ihr entsprechend das Ganze *seiner* Persönlichkeit hinzugeben, wie es in den Worten Gretchens angedeutet wird: »Denkt ihr an mich ein Augenblickchen nur, Ich werde Zeit genug an euch zu denken haben«. Wer sein Ganzes hingibt, um von dem Andern nur ein Teilchen zu erhalten, setzt damit tatsächlich seine Ehre herab, die den Wert einer Person dem der andern gleichstellt; so dass die Ethik im Allgemeinen annimmt, dass die sexuelle Hingabe nur in der Ehe, d. h. bei wirklicher Gegenseitigkeit, die persönliche Ehre voll bestehen lässt. Ob nicht einerseits auch, in der Ehe eine vollkommene Gegenseitigkeit ausgeschlossen ist, insofern die Mannigfaltigkeit der männlichen Betätigungen nicht das absolute Aufgehen in die Interessen der Ehe gestattet, das den Frauen eigen ist; ob nicht andrerseits die demutsvolle, gar keine adaequate Erwiderung verlangende Hingabe, die Selbstlosigkeit der Liebe, die so manchem Verlust der weiblichen Ehre zu Grunde liegt, das Urteil über die Deteriorierung der ganzen Persönlichkeit mildern müsste – das sind wohl aufzuwerfende, hier indes ferner liegende Fragen. In Bezug auf die letztere will ich nur noch an die hervorgehobene Eigenschaft der Frauen erinnern, sich für abstraktere und objektive Ideale nur durch eine Persönlichkeit hindurch, in der sie Körper gewinnen, begeistern zu können. Deshalb stellt sich in der Tat für eine Frau in dem geliebten Manne das dar, was uns zu den höchsten idealen Bestrebungen treibt, und die Leidenschaft der Hingabe, durch die der Mann seine ganze Persönlichkeit, sein Leben, ja selbst seine Ehre für das aufs Spiel setzt, was er nun einmal als objektives Ideal erkannt hat, steht in Hinsicht auf subjektive Sittlichkeit oft kaum höher als die bedingungslose Hingabe eines Weibes an einen Mann.

Was nun die Entwicklung des weiblichen Wesens durch den Affekt der Liebe betrifft, so treten dabei scheinbar entgegengesetzte Erscheinungen auf. Ein bekannter russischer Nihilist, *Stepnjak,* bemerkt in seinen Memoiren, wo er über die Stellung der Frauen zu der nihilistischen Bewegung spricht: »Die Unterjochung der Frau ist nur durch die Liebe möglich. Deshalb wird sie überall, wo sie sich erhebt um ihre Rechte geltend zu machen, mit der Forderung der freien Liebe beginnen. So geschah es im Altertum, so im Frankreich des 18. Jahrhunderts, wie in dem der *Georges Sand,* so jetzt in Russland.« *Stepnjak* versteht hier zunächst unter Liebe schlechthin die monogame Liebe und kann deshalb Liebe und freie Liebe als unmittelbare Gegensätze fassen. Auch ist allerdings kein Zweifel, dass die Freiheit der Liebe der erste Schritt zur Freiheit von der Liebe ist; die Wiedertäufer von Zolicone rechtfertigten ihre sinnlichen Ausschweifungen damit, dass grade der häufige Wechsel der Weiber zu dem vom Apostel angeratenen Zustand führe: sie zu besitzen als besäße man sie nicht. Dem lag offenbar das richtige Gefühl zu Grunde, dass bei vielfachem Wechsel der Individualitäten, die man genießt, sich gewissermaßen die individuellen Qualitäten für das Bewusstsein gegenseitig paralysieren, nur das Allen Gemeinsame in scharfer Beleuchtung hervortritt und so das Interesse für das einzelne Weib erlischt. Je weniger sich Mann und Weib in der Liebe als bestimmte Individualitäten gegenüberstehen, desto mehr kann es ihnen nur auf das ankommen, was ihnen als Mann überhaupt oder als Weib überhaupt eignet, d.h. im Wesentlichen auf den sinnlichen Geschlechtscharakter. Aus diesem Grunde ist die freie Liebe hauptsächlich sinnlicher Natur, was ihrem Begriffe nach eigentlich nicht nötig wäre. Allerdings würden die Frauen in dem Augenblick, wo die Bindung ihrer Gefühle und Pflichten an einen einzelnen Mann aufhörte, eine erhebliche Steigerung ihrer Freiheit erfahren und zwar nicht nur unmittelbar, sondern auch mittelbar deshalb, weil die dann aufhörenden inneren Beziehungen zu einem bestimmten Mann so oft das Vehikel einer äußern Unterjochung sind. Dem Kulturvorteil, den sie dadurch erlangen würden, stände indes die kulturelle Erniedrigung gegenüber, die der Beschränkung der Liebe auf ihre wesentlich sinnliche Seite entspricht. Und ferner scheint es, als ob die Frau grade durch das Verhältnis zu einem bestimmten Manne eine Individualisierung, eine Differenzierung aus der homogeneren Masse der Geschlechtsgenossinnen erführe, die nur als Höherbildung im Sinne der Kultur gelten kann. Damit steht es im Zusammenhange, dass Frauen, welche alle Zurückhaltung und Scham abgestreift haben, diese in gewissem Maaße wiedererhalten, wenn sie einmal wirklich lieben, und zwar eben dem Manne gegenüber, den sie lieben. Auch öffentliche Personen, welche sich ohne Weiteres jedem beliebigen Manne prostituieren, scheuen davor zurück, wenn es sich um einen Mann handelt, zu dem sie irgend welche persönlichen Beziehungen haben. Sobald sie als bestimmte Person einer bestimmten Persönlichkeit gegenüberstehen, und also beiderseitig aus der Allgemeinheit der bloßen Geschlechtseigenschaften herausgetreten wird, treten auch sofort die höheren Eigenschaften in Funktion. Die Veredlung durch die Liebe, die man bei gesunkenen Frauen beobachtet, besteht jedenfalls zum Teil in der höherbildenden Differenzierung durch ein Verhältnis von ausgesprochener Individualität, während ihre früheren Verhältnisse nur auf den rein generellen Beziehungen zwischen Mann und Weib beruhten.

Immerhin aber trägt jede Hingabe eines Weibes an einen Mann noch hinreichend persönlichen Charakter, um der Prostitution dadurch etwas so besonders Abstoßendes zu geben, dass sie gegen ein so völlig unpersönliches Äquivalent, wie das Geld ist, erfolgt; ihr kann, als etwas rein Individuelles, nur die Hingabe der Individualität des Andern entsprechen, aber nicht derjenige Wert, der von allen der unindividuellste, von dem spezifischen Inhalt aller Persönlichkeit entferntest ist. Daraus erklärt es sich auch, dass in unkultivierteren Zuständen die Prostitution eine mildere Beurteilung findet und verdient: denn in solchen ist einerseits die Persönlichkeit noch nicht mit solcher Entschiedenheit aus dem allgemeinen Gattungstypus heraus differenziert, andrerseits hat das Geld noch nicht den farblosen Charakter angenommen, wie in hohen Kulturen, wo die Tatsache seiner unendlich viel größeren Verbreitung und

Verwertung es als das absolut Unpersönliche über alle individuellen Werte gestellt hat. Aus dem Zusammenhange, den das Individuellere als solches mit dem Edleren und geistig Vornehmen hat, ist es zu verstehen, dass niedrige Frauen so oft durch die Liebe, wenn sie auch sinnlich begonnen hat, darüber hinaus zum Idealeren und Geistigen hinaufsteigen, während höhere Naturen, bei denen die Liebe von vornherein geistiger Natur war, erst von diesem Anknüpfungspunkt aus zum Sinnlichen geführt werden. – Und wie die Liebe die Persönlichkeit stärker und individueller entwickelt, so ist umgekehrt eine Beziehung, die stark individualistischen Charakter trägt, oft der günstigste Boden für das Entstehen der Liebe; es ist oft bemerkt worden, dass man sich in der Regel in die erste Person des andern Geschlechts, die man in einem gewissen Alter genauer kennen lernt, auch verliebt, und ein offenes Erschließen des innersten und persönlichsten Seelenlebens, wenn auch zunächst ganz objektiver Weise, pflegt außerordentlich häufig denselben Effekt zu haben.

Die Bedeutung der Differenzierung für die Beziehungen der Geschlechter ist noch von der folgenden Seite her soziologisch wichtig. Als in einem Tendenzdrama vor mehreren Jahren die Behauptung ausgesprochen wurde, jede Heirat, die nicht rein aus gegenseitiger Liebe geschähe, wäre unsittlich und könne nie zum Heil der Gattung führen, wurde in der darüber entstandenen Kontroverse eingewendet, in früheren Zeiten und in niederen Ständen kämen Liebesheiraten so gut wie garnicht vor und dennoch hätte die Gattung keinen Schaden genommen. Allein die Berechtigung jener Forderung liegt darin, dass die Menschen immer individueller werden; unter einer relativ homogenen Masse von Menschen ist es ebenso relativ gleichgültig, welches Paar sich zusammentut; je unterschiedener die Individuen sind, desto enger ist für den Einzelnen die Wahl, die eine möglichst vollkommene Nachkommenschaft garantiere. Und wir haben nun einmal kein Kriterium, das diese Wahl überhaupt im richtigen Sinne entscheide, als das freilich oft genug unzulängliche und bloß instinktive der gegenseitigen Anziehung; die sonstigen Kriterien sind nur negativer Art, z.B. einerseits vererbte Krankheiten, andererseits auskömmliche äußere Lage. Wenn es auch scheint, dass man zu einander passt, weil man sich liebt, so wird dem, wenigstens für die hauptsächlichen Beziehungen, wohl zu Grunde liegen, dass man sich liebt, weil man zu einander passt. Darum ist in den unteren Ständen, wo die Differenzierung noch nicht so weit vorgeschritten ist als in den oberen, sehr leidenschaftliche und sehr individuelle Liebe verhältnismäßig selten. Häufig ist freilich der Fall, dass Mädchen niederen Standes eine unbedingte Leidenschaft für einen höherstehenden Mann fassen, wie Gretchen für Faust und Clärchen für Egmont, den sie dann ganz ohne Kritik, ohne Abschwächung dadurch, dass sie ähnliche kennten, lieben. Allein dies sind, jedenfalls nur die besseren Naturen, in denen schon die dunkle Ahnung einer höheren und individuelleren Existenzweise, als ihr Stand sie bietet, aufgetaucht ist, für welche Ahnung ihnen nun der gebildete Mann die Erfüllung darbietet. Grade das also, was im Allgemeinen die leidenschaftlichere Liebe in den niederen Ständen verhindert, der Mangel an individueller Differenzierung, lässt sie begreiflicher Weise um so stärker da entstehen, wo dieser Mangel bewusst wird und seine Ausgleichung vermöge der Unterschiedsempfindlichkeit eine um so stärkere Gefühlswirkung haben muss. – Ich möchte auch glauben, dass die abnehmende Heiratsfrequenz, die sich überall bei wachsender Kultur findet, nicht nur aus den wirtschaftlichen Verhältnissen und der Gelegenheit zu außerehelichen Befriedigungen hervorgeht, sondern auch aus jener mit der Kultur steigenden Individualisierung der Persönlichkeit, die es immer schwieriger und unwahrscheinlicher macht, die Rechte zu finden, diejenige, die die differenzierten Eigenschaften des andern grade durch ihre differenzierten Eigenschaften möglichst ergänzt. Dieses Moment potenziert auch die Schwierigkeit des Heiratens, die aus dem Herausrücken der Altersgrenze, in der wirtschaftliche Gründe es gestatten, hervorgeht; denn je älter der Mensch wird, desto entschiedener bildet sich seine Individualität aus. Und wenn ferner höchste Kulturen zur Kinderlosigkeit der Ehen neigen, so kann unter Anderem vielleicht auch hier die Differenzierung der Individuen insofern dazu mitwirken, als, wie die Biologie festgestellt hat, die Verschiedenheit der Eltern nur einen gewissen Grad haben darf, um Fruchtbarkeit zu begünstigen, oberhalb desselben aber, ebenso wie bei zu großer Gleichartigkeit (Inzucht), die Fortpflanzung behindert.

Die Steigerung der Kultur zeigt ihre Wirkung, die Einheitlichkeit des weiblichen Wesens zu vermindern, unter Anderem auch in der Erscheinung der Koketterie, die nach verschiedenen Seiten hin ein schwieriges psychologisches Problem bildet. Die Tierwelt bietet uns vielfache und zweifellose Beispiele von Gefallsucht dem andern Geschlecht gegenüber, wenngleich es immer nur das Männchen ist, das sich mit seinen herausgeputzten Reizen die Gunst des Weibchens erwerben will. Allein hiervon abgesehen, ist der Unterschied der, dass das Hervorrufen des Gefallens in der Tierwelt den Geschlechtsgenuss zum unmittelbaren Zweck hat. Mag dies in roheren Zuständen der Menschenwelt sich ebenso verhalten, so ist doch bei der Koketterie der gesitteten Gesellschaft hiervon nicht die Rede. Denn wenn wir auch zugeben wollten, dass bei einem Mädchen, die sich durch Koketterie einen Mann gewinnen will, jener Prozess nur die zivilisierte Form angenommen habe, so liegt doch in den weitaus meisten Fällen auch den kokettesten Frauen der Gedanke einer sexuellen Gemeinschaft mit dem Mann, dem gegenüber sie kokettieren, völlig fern und sie würden eine auf ihr derartiges Benehmen sich stützende Zumutung mit Entrüstung und dem Bewusstsein zurückweisen, dass ihre Koketterie durchaus kein Entgegenkommen nach dieser Richtung hin enthalten sollte. Wenn Koketterie auch bedeutet: ich will dir gefallen – so heisst dies höchstens: ich will, dass du mich begehrst; damit ist aber noch lange nicht gesagt, dass ich dir dann gewähren will, was du begehrst. Mit sehr starker Koketterie kann die vollkommenste, auch innerliche Sittsamkeit verbunden sein, während umgekehrt die sexuell ausschweifendsten Frauen keineswegs immer die kokettesten sind, da die Leidenschaft oft die berechnende Kühle ausschließt, deren es zur Koketterie bedarf. Hier liegt das gleiche psychologische Verhalten vor, auf Grund dessen oft grade die reinsten und innerlich ungebrochensten weiblichen Naturen der Verführung unterliegen. Wenn die konsequente Praxis des Teufels, die ganze Hand zu gewinnen, wenn man ihm nur den kleinen Finger gibt, von Niemandem so erfolgreich geübt wird wie von dem professionierten Don Juan, so gilt dies doch wesentlich denjenigen Frauen gegenüber, die sich noch die innere Einheitlichkeit, die undifferenzierte Solidarität der seelischen Inhalte bewahrt haben. Bei diesen ist die Alternative des Verhaltens zu einem Mann viel häufiger: Alles oder Nichts; viel mehr kann bei ihnen wegen des engen und einheitlichen Zusammenhanges innerhalb der Seele diese von *einem* gewonnenen Punkte aus ganz erobert werden als bei raffinierteren Naturen, deren Seeleninhalte größere gegenseitige Unabhängigkeit gewonnen haben, in deren teilweiser Hingabe deshalb viel weniger das Ganze implizite enthalten ist und die aus diesem Grunde, wie wir sehen werden, in viel höherem Maaße die Fähigkeit zur Koketterie besitzen. – Aber man kann andrerseits auch nicht sagen, dass der bloße Wunsch einer Frau, Männern zu gefallen und die Anwendung dazu gehöriger Mittel schon unter *allen* Umständen Koketterie ist. Selbst eine Frau, die alle Künste gebraucht, um so schön und liebenswürdig wie möglich zu erscheinen, wird darauf allein hin noch nicht kokett genannt werden, wenn nicht noch ein weiteres, von jedem feineren Empfinden leicht herausgefühltes, aber schwer zu beschreibendes Moment hinzuträte.

Das Wesen der Koketterie scheint mir, was ihre Wirkung auf den Mann betrifft, in einer Mischung von (symbolischer) Gewährung und Nichtgewährung zu liegen; das ganz Spezifische ihres Reizes besteht weniger darin, dass sie das Versprechen eines *Genusses,* als dass sie das *Versprechen* eines Genusses ist. Es ist eine für das praktische Leben außerordentlich wichtige Tatsache, dass die Freude an einem bestimmten Besitz oder Vorgang nicht erst in dem Augenblick seiner definitiven Verwirklichung eintritt, sondern dass schon der Weg zu dieser, die Hoffnung und Erwartung derselben, uns mit einem antizipierten Teil jener Freude erfüllt; die Hoffnung der Lust enthält immer schon die Lust der Hoffnung. Je vielgliedriger die teleologischen Prozesse, je feiner die Empfindlichkeit wird, desto häufiger tritt diese Eskomptierung der Lust auf, desto entschiedener heftet sich dieselbe schon an die Vorstufen der eigentlichen Befriedigung, und zwar schließlich in dem Maaße, dass es des Eintretens dieser letzteren garnicht mehr bedarf, sondern auch bei vollkommener Gewissheit, dass sie nicht eintritt, dennoch ihre andeutende Vorstufe lustbringend ist und aufgesucht wird. Hierdurch erkläre ich mir den Reiz, den die Koketterie ausübt; wie rein physisch die bloße sexuelle Aufregung, also das Vorbereitungsstadium der Lust, doch schon selbst ein Lustgefühl gewährt, so ist jener leise Anreiz, jene allerfernste und vergeistigte Lockung in das sexuelle Gebiet, wie sie das Wesen der Koketterie bildet, schon hinreichend, um im Verkehr mit einer koketten Frau Vergnügen zu empfinden. Und dieser Reiz hat eben hinreichende psychologische Selbständigkeit angenommen, um des sexuellen Endzwecks, dem er ursprünglich entlehnt ist, völlig entraten zu können, und dieser tritt weder in das Bewusstsein dessen, auf den die Koketterie wirkt, noch deren, die sie ausübt, ungefähr wie der Reiz des Geldes für den Kulturmenschen unabhängig geworden ist von dem Gedanken an die Gegenstände, zu deren Erwerbung es das bloße Mittel bildet, und von denen es doch rationaler Weise seinen Wert entlehnen müsste. Es ist deshalb mindestens zweideutig, wenn man sagt, die Kokette fessele uns, weil sie Lust verspricht. Denn nach dem gewöhnlichen Sinne dieses Ausdrucks müsste der Reiz fortfallen, sobald die Einlösung dieses Versprechens sicher unmöglich ist. Er fällt aber tatsächlich nicht fort, weil gemäß der psychologischen Funktion, die die Dignität des Zweckes immer mehr an die bloßen Mittel und Vorstufen heftet, das Versprechen der Lust selbst schon eine positive und unmittelbare, nicht erst in der Zukunft liegende Lust bedeutet. Wie die Liebe nach dem tiefen Worte Platos ein mittlerer Zustand zwischen Haben und Nichthaben ist, und grade darin die Eigentümlichkeit ihres Reizes liegt, so ist die Koketterie gleichsam ein mittlerer Zustand zwischen Liebe und Nichtliebe. Daraus erklären sich nun noch ihre weiteren Reize, die zu jener Antizipation einer nur in den Tiefen des Unbewusstseins mitschwebenden Erfüllung hinzukommen. Denn auch grade die entgegengesetzte, in gleicher oder etwas bewussterer Weise anklingende Vorstellung, nämlich die des Versagtseins, wirkt als Reiz mit. Dass wir wissen, es ist der Kokette nicht Ernst, gibt uns ihr gegenüber eine gewisse Sicherheit, infolgederen wir uns ihrem Reiz weitergehend überlassen, als wo wir wüssten, dass der einmal begonnene Weg nun auch zum Endpunkt führt; andererseits ist grade der Anreiz, über die innere Kühle der Kokette zu triumphieren, die Hindernisse zu nehmen, an die sie uns nur heranführt, um sie dann um so höher vor uns aufsteigen zu lassen, das halbe Entgegenkommen durch den Eindruck der eigenen Persönlichkeit in ein ganzes zu verwandeln – eine ihrer mächtigsten Waffen und namentlich für eitle Naturen eine furchtbare Gefahr. Und endlich ist die Lust hervorzuheben, die dem Geist aus dem Oszillieren zwischen den beiden genannten Momenten, der Andeutung des Gewährens und dem gleichzeitigen Versagen, quillt. Sie ist jenem Reize des Spieles vergleichbar, der in dem Schwanken zwischen Gewinn und Verlust besteht. Die Kokette lässt den Mann, dem gegenüber sie Macht besitzt, in keiner von beiden Vorstellungen zur Ruhe kommen, sie zieht ihn an, um ihn im nächsten Augenblick zurückzustoßen, stößt ihn zurück, um ihn anzuziehen. Solange die Schwingung zwischen diesen beiden Polen eine gewisse Weite nicht überschreitet – und in der Berechnung dieser liegt die eigentliche Kunst der Kokette – wirkt sie in hohem Maaße lusterregend, indem sie eine fortwährende Anregung enthält, einen in der psychologischen Wirkung dem Humor verwandten Kontrast, dessen Seiten sich gegenseitig heben und beleben. Während einerseits die Einheitlichkeit und relative Einfachheit des Wesens der Frauen, die Ganzheit ihrer reflexionslosen Hingabe und der entsprechende Charakter unseres Verhältnisses zu ihnen uns anzieht, fesselt uns andererseits die Vielheit und Komplikation der psychischen Elemente, die in der Koketterie beiderseits ins Spiel kommen, und fesselt uns vielleicht doppelt wegen des Gegensatzes zu dem sonstigen Verhalten. Aus dem gleichen Grunde ist der Verkehr mit pikanten, sturmerprobten oder auch gescheiterten Frauen für viele Männer so viel anziehender als der mit unberührten Mädchen. Denn hinter jenen liegt die Fülle ihrer Vergangenheit, die gegensatzvollen Schicksale, die sie gewissermaßen in jedem Augenblick repräsentieren; woher denn auch unser Verhältnis zu ihnen so oft einen – auch im nicht frivolen Sinne des Wortes – zweideutigen, problematischen Charakter annimmt, während umgekehrt eine ganz reine weibliche Natur die Wirkung ausübt, dass auch der durch alle Stürme hindurchgegangene Mann sich in ihrer Nähe gewissermaßen jungfräulich fühlt, und während die einfache und geradlinige Vergangenheit junger Mädchen nicht nur den Eindrücken, die sie auf uns machen, sondern auch unserm Verkehr mit ihnen einen einheitlicheren Charakter, welcher Färbung auch immer, verleiht. Es liegt nun schon in dieser Erscheinung angedeutet, dass der hochgradigen Differenzierung im männlichen Geiste, die nach den obigen Ausführungen die Empfänglichkeit für Koketterie bedingt, eine solche im weiblichen Gemüte bei Ausübung derselben entsprechen muss. Das psychologische Doppelspiel der Kokette steht im Gegensatz zu der sonstigen Einheitlichkeit des weiblichen Wesens; die Vorstellungsmassen müssen sich wenigstens teilweise und im Unbewussten scharf in ihr sondern, damit dem einen Impuls, den sie sich selbst – wenn auch nur der Erscheinung nach – und damit dem betreffenden Manne gibt, zur rechten Zeit der entgegengesetzte entgegengestellt werden kann, damit Anziehung und Abstoßung, Kühle und Wärme, sowohl im Zugleich wie im Nacheinander auftreten und die richtigen Verhältnisse zeigen können. Wegen dieser psychologischen Mannigfaltigkeit und Spaltung, welche die Koketterie von vornherein in sich birgt, kann sie sich auch jedes Mittels bedienen und es gibt nichts, was ihr nicht zum Mittel werden könnte – Schönheit und Hässlichkeit, Religiosität und Freigeisterei, Sittsamkeit und Zügellosigkeit; es gibt Frauen, die sogar mit ihrer Koketterie kokettieren, wie es solche gibt, die es mit ihrer Nicht-Koketterie tun. Ich möchte behaupten, dass jede Eigenschaft, die ein konkretes Gegenteil besitzt, der Koketterie dienstbar werden kann, da jeder Gegensatz zu einem ganz andersartigen Verhalten, das irgendwie angedeutet und dessen Vorstellung irgendwie provoziert wird, jenen eigentümlichen seelischen Spannungszustand, jenes dem Spiel und dem Humor verwandte Oszillieren begünstigt, in dem das Spezifische der Koketterie liegt. Es wäre hiernach prinzipiell wohl möglich, dass auch umgekehrt Männer den Frauen gegenüber kokettieren und es kommt tatsächlich vor; allein das Unnatürliche daran ist dies, dass die Koketterie, als ein zwischen Versagen und Gewähren schwebendes Verhalten, nur demjenigen zukommt, in dessen Hand Versagen und Gewähren liegt, d. h. in unserer jetzigen sozialen Verfassung den Frauen. Der Koketterie eines Mannes muss entweder das Entgegenkommen der Frauen oder wenigstens der Glaube an seine Unwiderstehlichkeit zum Grunde liegen, so dass sein Benehmen von der – mehr oder weniger bewussten – Vorstellung bestimmt wird, Gewähren und Versagen hinge gegenüber dem ihn begehrenden Geschlecht von ihm ab. Deshalb ist ein koketter Mann fast stets eingebildet und dünkelhaft, was man von koketten Frauen keineswegs durchgehends sagen kann. In beiden Fällen aber muss man Koketterie entschieden von der Sucht zu gefallen und andere an sich zu fesseln, unterscheiden; sie ist eines der Mittel, deren diese sich bedient, aber keineswegs sie selbst; freilich will eine Frau, die kokettiert, immer gefallen, aber keineswegs kokettiert jede Frau, die gefallen will. Darum ist die gewöhnliche Verdeutschung von Koketterie mit: Gefallsucht ganz falsch, sie verwechselt entweder das Mittel mit dem Zweck oder wenigstens den engeren Begriff mit dem höheren. Wenn uns nun ein koketter Mann ganz besonders widerwärtig erscheint, so liegt das an jener Umkehrung des allein uns gewöhnten Verhältnisses der Geschlechter; es ist eine psychologisch interessante Tatsache, dass das Abnorme, bloß weil es ein solches ist, uns leicht die Empfindung des Ekels erregt; eine Missgeburt, ein Mensch mit sechs Fingern wird den meisten Menschen ekelhaft sein, sie würden um keinen Preis das Fleisch gewisser Tiere essen, die an sich durchaus nichts Ekelhaftes bieten, die wir aber nicht zu essen gewöhnt sind, u. s. w. Und dieser Widerwille gegen die Abkehr von dem Gewöhnten steigert sich natürlich in dem Maaße, in dem sich dieses durch seine Beziehung zum Wohl der Gattung befestigt hat, wie in dem vorliegenden Fall. Ich glaube deshalb auch, dass das spezifische Ekelgefühl gegenüber der Prostitution nicht ausschließlich aus ihrer ästhetischen Seite hervorgeht, sondern auch daraus, dass sie das allein gewöhnte und bis jetzt allein zum Wohl der Gattung führende Verhältnis: dass nämlich der Mann der Suchende und Werbende und die Frau diejenige ist, die sich suchen lässt – dass sie dieses direkt umkehrt, indem in jedem Verhältnis derjenige, der die Ware gibt, der Suchende, der, der das Geld gibt, der Gesuchte ist. So sehr also Prostitution dem spezifisch weiblichen Wesen und seiner sozialen Rolle widerstreitet, so sehr ist Koketterie auf einer gewissen Entwicklungsstufe ihm gemäß und zwar in dem Maß, dass Frauen, die von jeder Spur von Koketterie frei sind, oft etwas Sprödes, Unliebenswürdiges, einen Mangel an Anmut aufweisen.

Fehlt also diesen von den beiden Elementen, die sich in der Koketterie begegnen, das gewährende, so werden auch andrerseits solche Frauen reizlos werden, denen das andere, das versagende, fehlt. Damit eine Frau den Reiz bewahre, darf eine gewisse Reserve sie nicht verlassen, und zwar nicht nur die Reserve vor der Hingabe, sondern sogar in der Hingabe. Es ist eine alltägliche Erfahrung, dass die völlig rückhaltlose Hingebung einer Frau oft Gleichgültigkeit gegen sie erzeugt, dass sie ihre Anziehungskraft verliert, sobald sie die Vorstellung erweckt, dass sie weder äußerlich noch innerlich mehr etwas zu geben hätte. So sehr es dem Gesichtspunkt der Ganzheit und Einheitlichkeit des weiblichen Wesens entspricht, dass eine Frau sich nur ganz oder garnicht hingibt, so ist nicht zu leugnen, dass das *Weber'sche* Gesetz sich hier insofern geltend macht, als die Andauer des Reizes nur durch eine Steigerung der reizerregenden Momente möglich ist, d. h. nur dadurch, dass nicht das Ganze mit einem Male gegeben wird. Wenn der Reiz der Frauen also einerseits in jener Einheitlichkeit und Ungebrochenheit ihrer Naturen besteht, so gehört andererseits doch auch dazu, dass sie eine gewisse Unerschöpflichkeit zeigen, dass sie nie das Allerletzte geben, sondern selbst ihre vollkommenste Hingabe noch immer die Ahnung tieferer und geheimnisvollerer Schätze hinterlässt. Dies wird erstens in demselben Maaße gelingen, in dem das Verhältnis der Frau zu dem Manne sich aus der Sphäre der Sinnlichkeit und des bloßen Gemütes in die der Geistigkeit hinaufhebt, weil das geistige Leben in einer fortwährenden Entwicklung und Folge der Gedanken besteht, während das Gebiet der Sinne und das des Herzens, wenn es nicht durch Geistiges bereichert wird, viel eher mit einem Male hingegeben werden kann; vom Geiste kann man sozusagen immer nur die Zinsen verbrauchen und geben, von jenen Seiten unseres Wesens aber das Kapital. Daher kommt es auch, dass Männer, die sich auf sinnliche Verhältnisse zu Frauen beschränken, so leicht der einzelnen Frau und schließlich der Frauen überhaupt überdrüssig werden. Ist hier also eine gesteigerte Differenzierung Voraussetzung des Reizes, der in der Reserve besteht, so wirkt nun zweitens jene keimhafte, der Differenzierung ermangelnde Beschaffenheit der weiblichen Seele im gleichen Sinne. Denn weil wir von ihr so oft die Vorstellung haben, sie sei noch nicht vollkommen entwickelt, empfinden wir eben, dass außer dem, was von ihr in die Erscheinung tritt, noch anderes da ist, das noch keine Gestaltung gewonnen hat, dass hinter dem, was sie zu geben weiß, noch ein Tieferes liegt, das sich gewissermaßen aus dem dunkeln Schoße der unbewussten Natur noch nicht herausgerungen hat, mit dem die Frauen noch inniger als wir zusammenzuhängen scheinen.

Zur Psychologie des Geldes

In dem Inhalt des Erkennens wie in dem des Handelns entdeckt der beobachtende Blick die durchgängige Sonderung eines relativ festen von einem relativ flüssigen Bestandteile. Der erstere wird von den sinnlichen Einzeltatsachen unserer Erfahrung und von den letzten Zielen unseres Willens gebildet; der zweite von den ursächlichen Zusammenhängen, mit denen wir unter die Erscheinungsseite jener Tatsachen lösend und verknüpfend hinabsteigen, andererseits von den Mitteln, mit denen wir unsere einmal gesetzten Zwecke immer gründlicher, aber freilich auch immer indirekter, zu erreichen suchen. Die Tatsache, wie sie vor unseren Augen steht, kann aus einer Unendlichkeit möglicher Ursachen entsprungen sein, und während der Geist sie festhält, ist die Vorstellung ihrer Ursachen und der Ursachen ihrer Ursachen in fortwährendem Flusse und fortwährender Vertiefung begriffen; und so ist die Umwandlung unserer höheren Ziele eine höchst langsame, sie scheinen stillzustehen gegenüber der unvermeidlichen Bewegung im Heranschaffen der Mittel, der fortwährenden Arbeit an der Fundamentierung wie an dem Höher-führen des teleologischen Baues.

Es ist klar, daß die theoretische und die praktische Bewegung schließlich nur eine einzige sind und nur je nach der Verschiedenheit des Interesses und des Standpunktes entgegengesetzte Richtung annehmen. Die Mittel zu einem Zweck erkenne ich, wenn ich erkannt habe, welche Ursachen diesen Zweck hervorbringen. Das Zweckbewußtsein der Menschheit vertieft sich deshalb Hand in Hand mit ihrem Kausalbewußtsein; und auf eben dieser Vertiefung beruht das, was wir Kulturfortschritt nennen, vielleicht in ebenso hohem Grade als auf dem Entdecken neuer Tatsachen oder der Wandlung unserer letzten Willensziele.

Der Unterschied zwischen rohen und kultivierten Zuständen mißt sich an der Zahl der Glieder, die zwischen der unmittelbaren Handlung und ihrem schließlichen Zwecke liegen; wo die Kette der Ursachen und Wirkungen nur kurz und bruchstückweise bekannt ist, muß zur Verwirklichung eines Zweckes dasjenige Geschehen herbeigeführt werden, welches ihn unmittelbar realisiert. Nun liegt aber auf der Hand, daß dieses Geschehen sehr oft nicht direkt erreichbar sein wird, und während der niedrig kultivierte Mensch in diesem Fall auf sein Ziel verzichten muß, wird der höherstehende ein Verfahren einschlagen, das zwar nicht den Zweck selbst, aber irgend ein anderes Geschehen herbeiführt, das seinerseits auf jenen hinleitet. Den Fortschritt des öffentlichen Geistes zeigt deshalb die Zunahme von Einrichtungen, durch die hindurch der einzelne solche Zwecke wenigstens indirekt erreichen kann, deren unmittelbare Gewinnung für ihn schwer oder unwahrscheinlich ist. Jedes Werkzeug, das die Kraft der menschlichen Hand durch Umwege und Umformungen eine Wirkung erzielen läßt, die ihr bei unmittelbarer Einwirkung auf das zu gestaltende Objekt versagt bliebe, jede rechtliche Einrichtung, die dem erklärten Willen einer Person eine Folge sichert, die er durch die bloße ihm eigene Kraft nie erreichen könnte, jede kirchliche Gemeinschaft, die dem religiösen Empfinden durch den Zusammenschluß der vielen einen Weg nach innen und nach oben bahnt, den der einzelne für sich allein nicht glaubt finden zu können – alles dies sind Fälle der charakterisierten Vertiefung des teleologischen Prozesses, wie der öffentliche Geist sie dann schafft, wenn das Mißverhältnis zwischen dem, was der einzelne will, und dem, was er als einzelner vermag, Umwege fordert, die nur die Allgemeinheit für ihn gangbar machen kann.

Jedes einheitliche und allgemein anerkannte Tauschmittel bietet ein Beispiel für diese Erweiterung der teleologischen Kette. Beruht aller wirtschaftliche Verkehr darauf, daß ich etwas haben will, was sich zur Zeit im Besitze eines anderen befindet, und daß er es mir überläßt, wenn ich ihm dafür etwas überlasse, was ich besitze und er haben will: so liegt auf der Hand, daß das letztgenannte Glied dieses zweiseitigen Prozesses sich nicht immer einstellen wird, wenn das erste auftaucht; unzählige mal werde ich den Gegenstand *a* begehren, der sich im Besitz von *A* befindet, während der Gegenstand oder die Leistung *b*, die ich gern dafür hingäbe, für *A* völlig reizlos ist; oder aber die gegenseitig angebotenen Güter werden wohl beiderseitig begehrt; allein über die Quanta, in denen sie sich gegenseitig entsprechen, läßt sich durch unmittelbares Aneinanderhalten eine Einigung nicht erzielen. Deshalb ist es für die höchstmögliche Erreichung unserer Zwecke von größtem Werte, daß ein Mittelglied in die Kette der Zwecke eingefügt werde, in welches ich b jederzeit umsetzen und das sich seinerseits ebenso in a, umsetzen kann, – ungefähr wie jede beliebige Kraft, des fallenden Wassers, der erhitzten Gase, der windgetriebenen Mühlenflügel, wenn sie in die Dynamomaschine geleitet ist, mittels dieser in jede beliebige gewünschte Kraftform umgesetzt werden kann. Das allgemein anerkannte Tauschmittel wird zum Durchgangspunkt für allen zweiseitig onerosen Verkehr und enthüllt sich so gleich den obengenannten Beispielen als eine Erweiterung des Zweckhandelns, insofern es ein Mittel ist, gewollte Gegenstände indirekt und durch eine öffentliche Institution zu erlangen, die meiner unmittelbar auf jene gerichteten Bemühung unerreichbar wären. Wie meine Gedanken die Form der allgemein verstandenen Sprache annehmen müssen, um auf diesem Umwege meine praktischen Zwecke zu fördern, so muß mein Tun oder Haben in die Form des Geldwertes eingehen, um meinem weitergehenden Wollen zu dienen.

Dieser Charakter des Geldes läßt den folgenden psychologischen Zug an ihm in Kraft treten. Es ist eine der wirkungsreichsten Eigenschaften des menschlichen Geistes, daß die bloßen an sich gleichgültigen Mittel zu einem Zweck, wenn sie nur lange genug vor dem Bewußtsein gestanden haben oder wenn der damit zu erreichende Zweck in weiter Ferne liegt, ihm schließlich selbst zu definitiven Zwecken werden; der Wert, den sie ursprünglich nur von dem durch sie zu erreichenden Zwecke zu Lehen trugen, verselbständigt sich, und statt mittelbar haftet er in psychologischer Unmittelbarkeit an ihnen. Alle äußere Sitte z. B. gewinnt nur durch diesen Prozeß die Kraft an und für sich als sittliche Vorschrift aufzutreten, da sie doch ursprünglich nur das Mittel oder die Bedingung ferner liegender sozialer Zwecke war; mancher Philologe bleibt sein Leben lang in der Erforschung der nichtigsten Kleinigkeiten befangen, während der eigentliche Zweck dieses vermittelnden Bemühens, die Erkenntnis des geistigen Wesens einer Epoche oder eines einzelnen, gar nicht in sein Bewußtsein tritt; für unzählige Menschen ist die Vollendung der Technik in ihren Betätigungen so sehr zum Selbstzweck geworden, daß sie die höheren Zwecke, denen alle Technik nur zu dienen hat, völlig darüber vergessen, u.s.f. Es ist dies eine der zweckmäßigsten Einrichtungen des geistigen Organismus. Müßten wir in jedem Augenblick die ganze teleologische Reihe vor Augen haben, die eine bestimmte Handlung rechtfertigt, so würde sich das Bewußtsein in unerträglicher Weise zersplittern; vielleicht bringt das Prinzip der Kraftersparnis es mit sich, daß das Zweckbewußtsein sich auf die gerade vorliegende Stufe des teleologischen Prozesses konzentriert, während der weiter zurückliegende Endzweck für das Bewußtsein versinkt. Um für das zunächst notwendige Durchsetzen des Mittels gesammelte Kraft zu haben, muß dies zunächst für sich allein das Bewußtsein beherrschen. In dem ganzen Gewebe des menschlichen Zweckhandelns gibt es vielleicht kein Mittelglied, an dem dieser psychologische Zug des Auswachsens des Mittels zum Zwecke so rein hervorträte wie am Gelde; nie ist ein Wert, den ein Gegenstand nur durch seine Umsetzbarkeit in andere, definitiv wertvolle, besitzt, so vollständig auch auf diesen selbst übertragen worden.

Es ist indes interessant, wie dieses psychologische Abbrechen der teleologischen Reihe nicht nur an der unmittelbaren Geldgier und dem Geize hervortritt, sondern auch an seinem scheinbaren Gegenteil, dem Vergnügen am bloßen Geldausgeben als solchem, endlich an der Freude am Besitz möglichst vieler Dinge, von deren spezifischer Nützlichkeit, um derentwillen sie hergestellt sind, man gar nicht profitiert, sondern die man eben nur »haben« will; das Volk vergleicht diese Art Naturelle mit den Hamstern. Hierin haben wir die Stufen des teleologischen Prozesses: vernünftiger Endzweck ist doch nur der Genuß aus dem Gebrauch des Gegenstandes; die Mittel dazu sind: 1. daß man Geld habe, 2. daß man es ausgebe, 3. daß man den Gegenstand besitze; an jeder dieser drei Stationen kann das Zweckbewußtsein Halt machen und sie als Selbstzweck konstituieren; und zwar so energisch, daß jeder dieser drei Inhalte desselben maniakalisch ausarten kann. Auf der Stufe, wo das Geld zum Selbstzweck auswächst, kann es als solcher noch verschiedene Grade der psychologischen Selbständigkeit zeigen. Durch die den größten Teil des Lebens hindurch bestehende Nötigung, den Gewinn von Geld als nächstes Strebeziel vor Augen zu haben, kann wohl der Glaube entstehen, daß alles Glück und alle definitive Befriedigung des Lebens mit dem Besitz einer gewissen Summe Geldes verbunden wäre; allein nur wenn jener Zweckcharakter des Geldes schon ein bestimmtes hohes Maß von Festigkeit angenommen hat, bewährt sich dieser Glaube und beharrt das selige Gefühl im Bewußtsein eines großen Geldbesitzes; ist er unterhalb dieses Kristallisationspunktes stehen geblieben, so tritt die Erscheinung tödlicher Langeweile und Enttäuschung ein, die so häufig an Geschäftsleuten zu beobachten ist, wenn sie sich nach Ersparung einer gewissen Summe in ein Rentierleben zurückgezogen haben; sie wissen mit dem größeren Geldbesitze nun nichts anzufangen, und das Geld enthüllt sich nach Wegfall der Umstände, die das Wertbewußtsein darauf sich konzentrieren ließen, in seinem wahren Charakter als bloßes Mittel, das unnütz und unbefriedigend wird, sobald das Leben darauf allein angewiesen ist. Wie uns mitten in den Qualen und Ängsten der Welt oft ein Zustand von bloßer Ruhe als höchstes Ideal erscheint, wie wir vergessen, daß es doch nicht die Ruhe an und für sich, sondern nur die Ruhe vor bestimmten Dingen und zu bestimmten Dingen und nur als Vorbedingung positiver Befriedigungen ist, deren wir entbehren; und wie deshalb die Mehrzahl der Menschen, wenn sie dieses scheinbar letzte Ziel erreicht haben, sehr bald eine unerträgliche Leere und Zwecklosigkeit des Daseins verspüren: ganz ebenso rächt sich das Verkennen des bloß relativen und konditionalen Charakters des Geldes, der Irrtum, den das Merkantilsystem gleichsam »in großen Buchstaben geschrieben« aufwies. Wo aber die psychologische Metamorphose, durch die das Geld zum Selbstzweck wurde, entschieden genug war, um das ganze Leben lang vorzuhalten, sind die Bedingungen für ein vollendetes Glück gegeben. Denn dem Geizigen bleiben die Enttäuschungen erspart, die dem realen Genusse stets folgen, die Unzulänglichkeiten, denen wir sofort begegnen, wenn wir über die Vorbereitungsstadien des Gewinnens der Dinge hinaustreten; seine Freuden müssen psychologisch den ästhetischen ähnlich sein, die sich an die reine wertvolle Form der Dinge halten und von den Trübungen und Unvollkommenheiten ihrer zufälligen Wirklichkeit unabhängig sind. Es ist indes auch hier noch ein feiner

Unterschied zu konstatieren zwischen demjenigen Geizigen, der sich von dem einmal Erworbenen trotz lockender Gewinnchancen um keinen Preis trennt, und demjenigen, der es mit vollen Händen fortwirft, wenn er auf wucherischen Gewinn dafür hofft; bei ersterem ist der teleologische Prozeß noch früher erstarrt als bei diesem. Die psychologisch entgegengesetzte Erscheinung zeigen jene sonderbaren, aber nicht allzu seltenen Menschen, die ohne Bedenken jemandem 100 Mark, aber nur mit wahrer Selbstüberwindung einen Bogen Papier aus ihrem Schreibvorrat oder Ähnliches schenken. Während der Geizige über das Mittel zum Erwerb der Dinge, das Geld, den Erwerb der Dinge selbst unterläßt und gegen ihren Wert gleichgültig wird, spitzt sich hier umgekehrt das Bewußtsein auf den Gegenstand allein zu, ohne an das Mittel zu denken, durch das man sich ihn in jedem Augenblick wieder verschaffen kann; ihnen kommt es nur auf den Wert der *Sache,* dem Geldsüchtigen nur auf den *Wert* der Sache an. In der historischen Entwicklung des Geldes liegt es begründet, daß es ursprünglich ein für sich bestehender Wert gewesen sein muß; denn solange die staatliche Prägung dem einzelnen noch nicht die Weiterverwertung des Entgelts garantierte, das er für eine Ware erhielt, wird niemand so töricht gewesen sein, die letztere fortzugeben, ohne einen reellen Wert dafür zu erhalten; das Tauschmittel wird um so weniger bloßes Tauschmittel sein können, je unsicherer seine Funktion als solches ist, sondern um so mehr wird man unmittelbaren Wert von ihm verlangen; der für sich bestehende Wert des Tauschmittels kann in demselben Verhältnis sinken, in dem seine Tauschkraft steigt. Erreicht also die letztere vermöge der Legitimierung durch die öffentliche Gewalt ihr Maximum, so kann der erstere ein Minimum werden. Demgegenüber hat man hervorgehoben, daß das Geld doch ein Maßstab für *Werte* sei und nur als solcher ein Tauschmittel für sie sein könnte; gemessen aber könnten quantitativ bestimmbare Objekte nur durch gleich geartete Objekte werden: räumliche Quanta nur durch Raumgrößen, Gewichte nur durch Gewichte u. s. w. Deshalb müsse das Geld unter allen Umständen selbst ein Wert sein, um Werte zu messen, und könne deshalb nie zu einem nur fiktiven Maßstab, zu einem bloßen

»Zeichengeld«, das von der Beziehung auf ein wirkliches Gut losgelöst wäre, herabsinken.

Diese ganze Kontroverse, ob das Geld selbst ein Wert sei oder nur das Symbol eines Wertes, ein reiner Durchgangspunkt für Güter, ohne selbst ein Gut zu sein, und ob, wenn es jetzt noch ein solches wäre, es das auch bleiben müsse, – scheint mir, sobald sie prinzipiell und dogmatisch gehalten ist, eine erstaunliche Vernachlässigung entscheidender psychologischer Momente aufzuweisen. Denn die Gegner des Zeichengeldes – um die ganze Denkrichtung in einem Worte zusammen zu fassen – vergessen, daß die Werte, denen das Geld als Maßstab dienen soll, doch nur psychologisch wertvoll sind, daß es gar keinen objektiven Wert im absoluten Sinne gibt, sondern nur dadurch, daß der Wille der Menschen den betreffenden Gegenstand begehrt, an dem der Wert sowenig als eine objektive Eigenschaft haftet wie an dem Sonnenschein das Wohlgefühl, das er in bestimmt organisierten Nerven hervorruft. Dann aber *hat* jeder Gegenstand den Wert, der ihm beigelegt wird, und wenn nur eine hinreichende Übereinstimmung in der Beilegung des Wertes erzielbar wäre, so ist nicht abzusehen, weshalb nicht ein Stück gestempeltes Papier, das durch keinen greifbareren Wert gedeckt wäre, für alle Zeiten einen bestimmten Tauschwert haben soll, – nicht als würde ihm damit eine Eigenschaft objektiven Wertes verliehen, die es nun anderen so qualifizierten Gegenständen gleichstellte, sondern weil auch diese durch keinen anderen Prozeß als eben den des menschlichen Willens zu Werten geworden sind. Weder Nahrung noch Obdach, weder Kleidung noch edle Metalle sind an und für sich Werte, sondern sie werden es erst im psychologischen Prozeß ihrer Schätzung, wie die Fälle beweisen, in denen die Askese oder andere Seelenverfassungen völlig gleichgültig gegen sie machten. Will man das Zeichengeld selbst dann, wenn sein Tauschwert ein allseitig akeptierter ist, dennoch nicht als Geldwert anerkennen, so begeht man damit den gleichen Fehler, wie jener wirtschaftliche Idealismus, der als »Gut« nur das anerkennen wollte, was einem *wahren* Bedürfnisse entspricht, aber nicht das, was überflüssige oder zu mißbilligende befriedigt, und der ebenfalls übersah, daß alle Wertverleihung nur eine psychologische Tatsache und nichts anderes ist und deshalb, wo sie als solche vorkommt, einfach anerkannt werden muß. Es sind genug Gründe vorhanden, die die Bindung des Geldwertes an die edlen Metalle wünschenswert und unentbehrlich, genug Ursachen, die die Bedingungen für ein Zeichengeld unerfüllbar machen; allein prinzipiell liegt nicht der geringste Grund vor, weshalb nicht ein beliebiges Symbol für das Geld genau die gleichen Dienste als Wertmesser und Tauschmittel leisten soll wie Gold und Silber, sobald nur die Übertragung des Wertbewußtseins auf jenes in vollkommenem Maße stattgefunden hat, was durch den Prozeß der psychologischen Emporhebung der Mittel zur Würde des Endzwecks sehr wohl möglich ist und auf anderen Gebieten hundertfach stattfindet.

Es liegt auf der Hand, daß jener Prozeß sich am ehesten und gründlichsten an einem Mittel vollziehen mußte, das wie das Geld für eine *große Anzahl* von Zwecken notwendiger Durchgangspunkt ist. Denn in demselben Maße, in dem viele Zwecke eben desselben bedürfen, wird es für unser Bewußtsein derart in seiner Notwendigkeit betont, daß sein Wert über den eines bloßen Mittels hinauszuwachsen scheint. Und dieser Erfolg wird um so eher eintreten, wenn die damit zu erreichenden Zwecke sehr verschiedenartige und auseinanderliegende sind, weil sie sich dann gegenseitig in ihrer Verschiedenheit paralysieren und nur das ihnen Gemeinsame, das Mittel für sie alle, in um so hellerer Beleuchtung hervortritt. Dies hat vielerlei Folgen für die Psychologie des Geldes. Der Geiz des höheren Alters z.B. erklärt sich eben daraus, daß das Mittel, welches so vielen im Leben erstrebten Zwecken gemeinsam ist, im Verhältnis des längeren Lebens entsprechend mehr Betonung und Herrschaft im Bewußtsein erhalten muß; wozu noch kommt, daß viele Ziele und Reize des Lebens für das Alter absterben, während der Wert, mit dem ihre frühere Anziehungskraft auch das dazu gehörige Mittel umkleidet, eine Selbständigkeit gewonnen hat, die ihn auch nach dem Verschwinden jener weiter bestehen läßt. Ferner: ist das Geld der gemeinsame Schnittpunkt verschiedener Zweckreihen, so muß es mit der Fülle und Divergenz dieser immer farbloser werden; und dies ist in der Tat sein Schicksal, da man mit steigender Kultur immer mehr ganz verschiedenartige Dinge dafür kaufen kann. Wie sehr vielseitige, nach den verschiedensten Richtungen hin betätigte Menschen leicht den Eindruck einer gewissen Charakterlosigkeit, eines Mangels an bestimmter Färbung annehmen, die vielmehr einem einseitig prononcierten Wesen zukommt, so tritt auch am Gelde gewissermaßen eine psychologische Interferenzerscheinung ein, indem die qualitative Fülle der in ihm zusammenstoßenden Zwecke es sozusagen zwischen die Qualitäten stellt und ihm jede bestimmte psychologische Färbung nimmt, die immer etwas Einseitiges haben müßte. Und durch einen leicht verständlichen Prozeß wirkt dies auf die Objekte des Geldverkehrs zurück. Die Blasiertheit unserer wohlhabenden Stände hängt damit zusammen; wenn das Geld so zum Generalnenner aller möglichen Lebenswerte wird, wenn nicht mehr die Frage ist, was sie wert sind, sondern wieviel sie wert sind, so verringert sich ihre Individualität. Durch die Möglichkeit des Vergleichens an einem indifferenten und allen gleichmäßig zugänglichen Maßstabe verlieren sie das Interesse, das sich an das Spezifische und Unvergleichbare knüpft. Für den Blasierten gibt es nichts, was ihm unbezahlbar dünkte, und umgekehrt, wer alles meint mit Geld bezahlen zu können, muß notwendig blasiert werden. Wenn jener Charakter der Allgemeingültigkeit des psychologischen Endzwecks vielfach nur *den* Gegenstand wertvoll erscheinen läßt, der viel Geld kostet, so begreift man doch auch gerade aus ihm, daß für gewisse Naturen nur das einen Wert hat, was für Geld nicht zu haben ist; dies ist nicht eine Umkehrung, sondern eine Steigerung jener psychologischen Folge des Geldverkehrs.

Die Wertlosigkeit des Geldes im höheren Sinne hat wohl auch die Erscheinung zur Folge, daß die Behandlung der Frauen bei unkultivierten Völkern da am schlechtesten ist, wo sie gekauft werden, und sich erst da etwas bessert, wo sie statt durch bestimmte Bezahlung durch persönliche Dienstleistungen des Werbers für die Eltern der Braut erworben werden. Deshalb ferner ist ein Geldgeschenk das niedrigste, dasjenige, was die Persönlichkeit am tiefsten herabdrückt. Immerhin bleibt es eine verwunderliche Erscheinung, daß man die höchsten Opfer eines anderen: Leben, Leiden, Ehre und alles andere, meint ohne Schädigung der Ehre annehmen zu können, aber ja kein Geldgeschenk. Es mag hier jene Seelentätigkeit mitspielen, die, positiv gewandt, aus der Not eine Tugend macht: das Geld *kann* nämlich unter allen Umständen seiner Qualitäts-losigkeit wegen zurückgegeben werden, was oft bei anderen Dingen, z. B. persönlichen Opfern an Zeit und Kraft, einfach unmöglich ist; das Ehrgefühl hat sich soweit an die nun einmal nicht zu ändernden Um-stände angepaßt, dasjenige ruhig ohne die Nötigung unmittelbarer Wiedergabe anzunehmen, was sich eben nicht unmittelbar wiedergeben läßt. Weil der Wert des Geldes ausschließlich in dem Quantum besteht, kann es einen spezifischen Charakter nur durch diejenige Massenhaftig-keit annehmen, in der es nur wenigen zu teil werden kann; deshalb drückt nach allgemeiner Empfindungsweise das Annehmen von Geld die Ehre um so weniger herab, je mehr es ist. Und auch der Betrug um Geld – namentlich in kleinen Summen – wird als ein besonders gemeines Verbrechen angesehen, das den Täter gesellschaftlich tiefer herabsetzt als Taten, die viel schlimmere moralische Gesunkenheit bezeugen.

Das Geld ist »gemein«, weil es das Äquivalent für all und jedes ist; nur das Individuelle ist vornehm; was vielem gleich ist, ist dem Niedrig-sten von diesem gleich und zieht deshalb auch das Höchste darunter auf das Niveau des Niedrigsten hinab. Der Zufall freilich läßt auch jenes Aufwiegen des Höheren durch Geld gelegentlich zum Vorteil des Ganzen ausschlagen, wie z. B. der Ämterverkauf der Bourbonen dem Bürgerstan-de den Weg in die Staatsverwaltung eröffnete; wie denn auch umgekehrt erst die Besoldung der Stellen dem unbemittelten Talent seine Verwer-tung an der richtigen Stelle ermöglicht. Wenn die klassische Welt bis zu den Sophisten bzw. bis zur Kaiserzeit kein Entgelt für geistige und staatliche Leistungen kannte oder kennen wollte, *so* verbaute sie damit unzähligen Talenten den Weg zu ihrer Verwendung.

Auch ermöglicht die Unpersönlichkeit des Geldes eine weite Ausdeh-nung der Wohltätigkeit. Viel weniger bedenklich ist man, an wen man Geld schenkt, als wenn es sich um persönlichere Leistungen der Wohl-tätigkeit handelt; auch liegt die vielfache Anonymität von wohltätigen Schenkungen in dieser Richtung. Dadurch aber kann nun wiederum eine vereinigende und versöhnende Rückwirkung auf die Geber stattfin-den. Die Erfolge des Gustav-Adolf-Vereins wären unmöglich gewesen, wenn nicht der objektive Charakter der Geldbeiträge die konfessionellen

Unterschiede der Beitragenden verwischt hätte; aber indem dieses gemeinsame Werk von Lutheranern, Reformierten, Unierten so möglich wurde, diente es zu einem idealen Bindemittel und mußte das Gefühl unter allen diesen, dennoch zusammenzugehören, stärken. Interessant ist es, wie der verführerische Charakter des Geldes, das man eben in jedem Augenblick gegen alles mögliche umsetzen kann, mit der Wohltätigkeitsfolge dieser seiner Unpersönlichkeit in Konflikt tritt. Der heilige Franziskus ließ seinen Orden zwar Lebensmittel und Kleidungsstücke erbetteln, unter keinen Umständen aber Geld, selbst dann nicht, wenn es sich um Unterstützung von Kranken und Hilfsbedürftigen handelte. Der heilige Thomas von Aquino dagegen zieht, bezeichnend genug für seine größere Weltkenntnis und Weltgewandtheit, aus dem gleichen Wesen des Geldes die entgegengesetzte Folgerung. Er hält zwar den Wucher für etwas Verwerfliches, indes fügt er hinzu, daß ein von einem anderen bereits erwuchertes Geld immerhin ein brauchbares Kapital sei, welches sich für Zwecke der Not und der Wohltätigkeit rechtmäßig verwenden lasse; denn, sagt er, soweit dürfen wir Gott nachahmen, der ja gleichfalls die Sünden der Menschen seinen eigenen guten Zwecken dienstbar macht. Endlich aber hat der unpersönliche Charakter des Geldes noch eine psychologische Folge, die die unendliche Ausdehnung und Steigerung des Verkehrs vermöge der Reduktion aller Werte auf Geld vermitteln hilft. Die Qualitätlosigkeit des Geldes bringt nämlich die Qualitätlosigkeit des Menschen als Geldgebers und Geldnehmers mit sich. Was gegen Geld fortgegeben wird, gelangt an denjenigen, der das meiste dafür gibt, gleichgültig was und wer er sonst sei; wo andere Äquivalente ins Spiel kommen, wo man um Ehre, um Dienstleistung, um Dankbarkeit sich eines Besitzes entäußert, sieht man sich die Beschaffenheit der Person an, der man gibt; und umgekehrt, wo ich selbst um Geld kaufe, ist es mir gleichgültig, von wem ich das kaufe, was mir erwünscht und den Preis wert ist; wo ich aber um den Preis der Dienstleistung, der persönlichen Verpflichtung in innerlicher und äußerlicher Beziehung erwerbe, da sehe ich mir erst genau an, mit wem ich zu tun habe, weil ich nichts anderes von mir als gerade nur Geld jedem Beliebigen geben mag. Die Bemerkung auf den Kassenscheinen, daß der

Wert derselben dem Einlieferer »ohne Legitimationsprüfung« ausgezahlt wird, ist bezeichnend für den Charakter des Geldes überhaupt. Daß im Geldverkehr eine Person genau soviel wert ist wie die andere, hat nur den Grund, daß keine etwas wert ist, sondern nur das Geld. Darum ist es ganz richtig: in Geldsachen hört die Gemütlichkeit auf; das Geld ist das absolut Objektive, an dem alles Persönliche endet. Darum hat es auch keine Geschichte in dem Sinne, wie sie jedem anderen Besitzstück für unser Gefühl den verschiedensten, positiven und negativen, oft durch nichts aufzuwiegenden Wert verleiht; die Vorstellung, daß an einem bestimmten Gelde »Blut klebt« oder »ein Fluch haftet« ist eine sentimentale Projizierung ohne Berechtigung und mit wachsendem Geldverkehr notwendigerweise immer seltener werdend; im höchsten Maße gilt das *non olet* von ihm.

Wieviel psychologische Hemmnisse des Verkehrs gerade dieser Charakter des allgemeinen Verkehrsmittels aus dem Wege schafft, bedarf keiner Auseinandersetzung. Jene gerade in unserer Epoche so gewachsene Indifferenz des Geldes, deren Folge auch die Indifferenz der Gegenstände ist, zeichnet sich recht an jenen Warengeschäften, die sich dadurch charakterisieren, daß alle Waren in ihnen denselben Preis haben; hier ist das Entscheidende, das, was von vornherein den Käufer bestimmen soll und den Zweck des Geschäfts enthält, eben nicht die Ware in ihrer Eigentümlichkeit, sondern die Bestimmtheit des dafür aufzuwendenden Preises; immer mehr tritt das spezifische Quale vor dem Quantum zurück, nach dem allein gefragt wird; wovon denn die begreifliche Folge ist, daß immer mehr Dinge unter Vernachlässigung ihrer Qualität nur gekauft werden, weil sie billig sind. Eben dasselbe psychologische Wesen des Geldes bewirkt aber auch die entgegengesetzte Erscheinung, daß viele Dinge geschätzt und gesucht werden, gerade weil sie viel Geld kosten; die bloße Tatsache, daß der Gegenstand nur um den bestimmten Preis zu haben ist, verschafft ihm in den Augen vieler seine Schätzung. Dadurch ergibt sich vielfach ein Zirkel in der Wertbestimmung: läßt der Anbietende den Preis sinken, so sinkt auch die Wertschätzung der Ware und dies drückt nun den Preis noch weiter herab.

Indessen hat schon früher dieser Charakter des Geldes die eigentümliche Erscheinung zur Folge gehabt, daß solche Klassen, denen auf Grund ihrer bürgerlichen Stellung vielerlei Ziele des persönlichen Strebens von vornherein verschlossen waren, sich in hervorragender Weise auf den Gelderwerb warfen; so die Freigelassenen in Rom, die Hugenotten in Frankreich, die Juden in der ganzen Welt. Das Geld ist das neutrale Gebiet, das ihnen weniger als jedes andere mit Erfolg verschlossen werden kann, weil es eben seines unspezifischen Charakters halber noch immer durch viele Kanäle zu ihnen hin rinnen kann, wenn auch diejenigen für andere Erfolge für sie geschlossen sind; und andererseits ist es begreiflich, daß gerade solche bürgerlich unterdrückte Klassen alle Kräfte auf den Gelderwerb konzentrieren, weil sie eben vermöge seiner indifferenten Stellung über den spezifischen Inhalten des Lebens nun Einfluß und Genuß sich verschaffen können, für welche die direkten spezifischen Mittel ihnen versagt sind. – In einer Beziehung freilich ist die Allgewalt des Geldes gegen früher geschwächt: die Geldbuße hat kein so weites Gebiet mehr. Es ist bekannt, wie das altgermanische Recht für die schwersten Vergehungen die Sühne durch Geld genügen ließ und wie schon im 7. Jahrhundert die kirchliche Fastenbuße durch Geld ersetzt werden konnte; die Trennung vom Gelde wurde als etwas so wesentliches empfunden, daß damit alles mögliche ausgeglichen werden konnte, – vielleicht sogar in Anlehnung an das sittliche Verdienst, das schon das Evangelium dem Weggeben des Reichtums zugesprochen hatte. In beiden Hinsichten, als Sühne für die Verletzungen der menschlichen wie der göttlichen Ordnung, ist sein Wert gesunken. Aber diese scheinbare Ausnahme bestätigt die Regel. Gerade weil für das Geld allmählich immer mehr Dinge zu haben waren, weil es sich zum Äquivalent für die meisten Inhalte des Lebens aufschwang, – gerade deshalb hörte es auf für ganz ausnahmsweise und besondere Beziehungen äquivalent zu sein. Nicht trotzdem man so gut wie alles dafür haben kann, konnte es jene sittlich-religiösen Anforderungen nicht mehr ausgleichen, sondern gerade weil man so gut wie alles dafür haben kann. Die Erniedrigung der Würde des Geldes einerseits, die Erhöhung des sittlichen Bewußtseins andererseits wirkten zum Verschwinden jener Erscheinung zusammen. Andererseits hat der Umstand, daß so viele Werte des Lebens in Geld ausdrückbar sind, dem Strafrecht wenigstens den allgemeinen Begriff des Betrugs – der Beschädigung anderer durch Vorspiegelung falscher Tatsachen – für seine Zwecke zu fixieren ermöglicht, nämlich insoweit, als nur derjenige als Betrüger bestraft wird, der auf solche Weise das *Vermögen* eines anderen beschädigt. Freilich zeigt dies recht scharf, daß das Geld wenn auch für vieles, so doch nicht für alles der gleichwertige Ausdruck ist. Die ärgste betrügerische Vorspiegelung, die das Lebensglück eines Menschen völlig vernichtet und ihrem Charakter nach durchaus strafrechtliche Verfolgung forderte, bleibt straflos (mit Ausnahme etwa von §179 des deutschen Strafgesetzbuchs), sobald der bewirkte Schaden so die rein persönlichen individuellen Verhältnisse trifft, daß er sich der Schätzung an dem unpersönlichen Geldmaßstabe entzieht. Das Gefühl von der Unpersönlichkeit des Geldes ist auch einer der Gründe, aus denen uns die Hingabe der weiblichen Ehre für Geld so besonders verächtlich erscheint; denn diese ist etwas so Persönliches, daß sie nur mit der gleichen Hingabe der ganzen Persönlichkeit äquivalent erwidert werden kann, am wenigsten aber durch denjenigen Wert, der von allen der unindividuellste, von dem spezifischen Inhalt der Persönlichkeit entfernteste ist; so daß diejenige, die jenen dennoch für diesen hingibt, dadurch selbst die denkbar größte Herabsetzung des Wertes ihrer Person begeht und an den Tag legt.

Im ganzen wird man sagen können, daß die eigenartige psychologische Färbung oder vielmehr Entfärbung, welche den Dingen durch ihre Äquivalenz mit einem völlig farblosen Tauschmittel zu teil wird, sozusagen eine gewisse Glätte, ein Abschleifen ihrer scharfen Ecken mit sich bringt und, indem sie dadurch ihre Zirkulation erleichtert und beschleunigt, eine Seite des großen Kulturprozesses ist, der die Realitäten wie die Ideale aus der Form der Stabilität, des unveränderlich Festen, für immer Bestehenden in die der Bewegung, des ewigen Flusses der Dinge, der steten Entwicklung überführt. Wenn statt der unbedingten und apriorischen Erkenntnisse, zu denen frühere Zeiten strebten, mehr und mehr die Erfahrung als einziges Mittel des Wissens betont wird, so bedeutet dies die Umwandlung eines als für alle Zeiten gültig geforderten

Denkinhaltes in einen solchen, der fortwährender Umgestaltung, Vermehrung, Korrektur fähig ist; wenn die Arten der Organismen statt als ewige Schöpfungsgedanken Gottes nur als Durchgangspunkte einer ins unendliche gehenden Evolution erkannt werden und damit zugleich statt einheitlicher und unveränderlicher Formen unseres Verhaltens die Anpassung an wechselnde Entwicklungsbedingungen sich als Ideal auftut; wenn der metaphysische Glaube an gewisse höchste Vorstellungen, an deren subjektiver und objektiver Ewigkeit man festhielt, als wandlungsreiches Resultat rein psychologischer Prozesse erkannt wird; wenn die festen Abgrenzungen innerhalb der sozialen Gruppe mehr und mehr verflüssigt und die Starrheiten des Kastenwesens, des Zunftzwanges, der Bindung an die Tradition auf jedem Gebiet durchbrochen werden, so daß die Persönlichkeit sozusagen leichter durch eine Mannigfaltigkeit von Lebenslagen zirkulieren kann, – so sind dies alles Symptome der gleichen völkerpsychologischen Wandlung, der auch das Geld vermöge der von ihm ausgehenden direkten und indirekten Erleichterung des Gebens und Nehmens dient.

Wie nun aber in dem παντα ρει der Erscheinungen doch *eines* beharrt: das Gesetz; wie bei fortwährendem Wechsel der Faktoren doch die Relation unter ihnen konstant bleibt: so könnte man das Geld als den ruhenden Pol in der Flucht der wirtschaftlichen Erscheinungen ansprechen, wie den konstanten Wert eines Bruches, dessen Zähler und Nenner sich fortwährend um gleiche Vielfache ändern. Wie gerade die größte Mannigfaltigkeit der Erscheinungen das Gesetz am klarsten hervortreten läßt, so stellt sich das Geld in der Beharrung seines Wertes um so reiner heraus, je massenhafter und verschiedenartiger die Dinge sind, zwischen denen es die Gleichung ausspricht; um so mehr streift es das Stoffliche und dessen Wandlungen ab und erhebt sich als ακινητον κινουν über alles einzelne, in erkenntnistheoretischer Beziehung eben ganz dem Gesetze vergleichbar, das um so reiner und fester dasteht, je bunter und wechselnder die Einzelfälle sind, die es beherrscht.

Wenn man, in elegischem wie in sarkastischem Tone, ausgesprochen hat, daß das Geld der Gott unserer Zeit wäre, so sind in der Tat bedeutsame psychologische Beziehungen zwischen beiden scheinbar so entgegengesetzten Vorstellungen aufzufinden. Der Gottesgedanke hat sein tieferes Wesen darin, daß alle Mannigfaltigkeiten der Welt in ihm zur Einheit gelangen, daß er nach dem schönen Worte des Nikolaus von Kusa die *coincidentia oppositorum* ist; aus dieser Idee, daß alle Gegensätzlichkeiten und Unversöhntheiten der Welt in ihm ihre Ausgleichung und Vereinheitlichung finden, stammt der Frieden und die Sicherheit, zugleich aber auch die verdichtete Fülle der mitschwebenden Vorstellungen, die wir in der Vorstellung Gottes finden. Die psychologische Ähnlichkeit ihrer mit der des Geldes ist nach dem Vorhergegangenen klar. Das *tertium comparationis* ist das Gefühl von Ruhe und Sicherheit, das gerade der Besitz von Geld im Gegensatz zu allem sonstigen Besitz gewährt und das psychologisch demjenigen entspricht, welches der Fromme in seinem Gott findet; in beiden Fällen ist es die Erhebung über das Einzelne, die wir in dem ersehnten Objekt finden, das Zutrauen in die Allmacht des höchsten Prinzips, uns dieses Einzelne und Niedrigere in jedem Augenblick gewähren, sich sozusagen wieder in dieses umsetzen zu können. Gerade wie Gott in der Form des Glaubens, so ist das Geld in der Form des Konkreten die höchste Abstraktion, zu der die praktische Vernunft aufgestiegen ist.

Biographie

1858	*1.März:* Georg Simmel wird in Berlin als Sohn des Kaufmanns Edward Simmel geboren.
1876	Simmel macht sein Abitur am Friedrichs-Werderschen Gymnasium in Berlin und immatrikuliert sich für das Fach Geschichte. Er studiert bei Mommsen, Droysen und Treitschke. In der Philosophie hört er Harms, Lazarus und Zeller.
1881	Simmels Doktorarbeit »Das Wesen der Materie nach Kants Physischer Monadologie« wird mit einem Preis ausgezeichnet.
1883	Er habilitiert sich mit den »Kantischen Studien«.
1885	Die Habilitation zögert sich hinaus, da Simmel das Kolloquium wiederholen muß. Danach bleibt er 15 Jahre lang Privatdozent.
1890	»Über soziale Differenzierung«. »Zur Psychologie der Frau«.
1892	»Probleme der Geschichtsphilosophie«.
1892-93	»Einleitung in die Moralwissenschaft« in zwei Bänden.
1894	»Das Problem der Soziologie«.
1895	»Über eine Beziehung der Selektionslehre zur Erkenntnis«.
1900	»Philosophie des Geldes«. Simmel wird unbesoldeter außerordentlicher Professor.
1904	»Vorlesungen über Kant«.
1905	»Philosophie der Mode«.
1906	»Kant und Goethe«. »Die Religion«.
1907	»Schopenhauer und Nietzsche«.
1908	»Soziologie. Unters. über die Formen der Vergesellschaftung«.
1909/10	Simmel ist Mitbegründer der »Deutschen Gesellschaft für Soziologie«.

1910	»Hauptprobleme der Philosophie«.
1911	»Philosophische Kultur«.
1913	»Goethe«.
1914	Simmel erhält eine Professur in Straßburg und lehrt dort Philosophie und Pädagogik.
1916	»Rembrandt«.
	»Das Problem der historischen Zeit«.
1917	»Grundfragen der Soziologie«.
	»Der Krieg und die geistigen Entscheidungen«.
1918	»Der Konflikt der modernen Kultur«.
	»Lebensanschauung«.
	»Vom Wesen des historischen Verstehens«.
	26. September: Georg Simmel stirbt in Straßburg.

Lektürehinweise

Buch des Dankes an Georg Simmel, hg. v. M. Landmann, K. Gassen, Berlin 1958.

Ästhetik und Soziologie um die Jahrhundertwende. Georg Simmel, hg. v. H. Böhringer u. a., Frankfurt a. M.1976.

Georg Simmel und die Moderne. Neue Interpretationen und Materialien, hg. v. H.-J. Dahme u. O. Rammstedt, Frankfurt a. M. 1984.

W. Jung, Georg Simmel zur Einführung, Hamburg 1990.

K. Chr. Köhnke, Der junge Simmel – in Theoriebeziehungen und sozialen Bewegungen, Frankfurt a. M. 1996